京津冀滑雪目的地的
竞争力研究

A Study on the Competitiveness of
Skiing Destinations in Beijing-Tianjin-Hebei Region

刘花香◎著

ZHEJIANG UNIVERSITY PRESS
浙江大学出版社
·杭州·

图书在版编目（CIP）数据

京津冀滑雪目的地的竞争力研究 / 刘花香著.

杭州：浙江大学出版社，2024.12. -- ISBN 978-7-308-25915-6

Ⅰ. G863.1

中国国家版本馆 CIP 数据核字第 2025LP3899 号

京津冀滑雪目的地的竞争力研究

刘花香　著

责任编辑	陈思佳	
文字编辑	谢艳琴	
责任校对	陈逸行	
封面设计	雷建军	
出版发行	浙江大学出版社	
	（杭州市天目山路 148 号　邮政编码 310007）	
	（网址：http://www.zjupress.com）	
排　　版	杭州晨特广告有限公司	
印　　刷	浙江新华数码印务有限公司	
开　　本	710mm×1000mm　1/16	
印　　张	13.75	
字　　数	178 千	
版 印 次	2024 年 12 月第 1 版　2024 年 12 月第 1 次印刷	
书　　号	ISBN 978-7-308-25915-6	
定　　价	68.00 元	

前　言

　　自成功举办 2022 年北京冬奥会以来,中国滑雪市场呈现出蓬勃发展的态势。随着滑雪市场的不断扩大,不同区域滑雪目的地呈现出明显的竞争张力。京津冀地区作为 2022 年冬奥赛事的举办地,在国家政策红利以及大量社会资本的刺激下,该地区滑雪场地建设以及相关配套基础设施的完善赋予滑雪目的地全新的发展面貌。基于此,笔者尝试以京津冀区域为研究范畴,以滑雪目的地为研究内容,从竞争力的视角出发,结合比较优势理论和竞争优势理论,对京津冀滑雪目的地展开定性和定量分析。在运用钻石模型理论对京津冀滑雪目的地的竞争优势进行定性分析的基础上,结合已有研究及专家意见和现实发展,构建竞争力评价指标体系,对京津冀区域滑雪目的地展开定量分析,这种从竞争力视角分析滑雪目的地并运用理论指导实践的方式不仅有利于丰富滑雪目的地的内涵和增加研究深度,而且其通过定性和定量相结合的方式,还有利于科学探索京津冀区域滑雪目的地的竞争优势和劣势,为大众从宏观到微观具体了解京津冀滑雪目的地的竞争力现状提供参考,并为政府、企业采取相关措施提高京津冀滑雪目的地的竞争力提供现实依据。

　　本研究采用文献资料法、专家访谈法、实地调研法、德尔菲法、实证分析法对京津冀滑雪目的地的竞争力展开分析。第一,运用文献资料法检索大量国内外与滑雪目的地相关的资料;第二,针对本研究的选题、研究设计和指标体系的构建及滑雪场相关情况,通过面谈、电话、微信、邮件等方式咨询了大量国内外学术界的专家以及滑雪业内知名人士;第三,深入实践,走访北京及崇礼地区的各大滑雪场及体育和旅游管理部门,通过与一线从业人员及部门管理人员的交流,获得滑雪场运营管理及地方政府顶层设计的相关信息;第四,针对指标体系构建的内容,运用德尔菲法,以匿名的方式,通过两轮问卷咨询专家对所研究问题的意见,最终确定评价指标体系;第五,运用实证分析法,通过定性和定量相结合的方式,围绕收集的数据采用因子分析法和聚类统计法对京津冀区域滑雪目的地的竞争力展开分析。

通过对包括京津冀在内的 31 个目的地滑雪市场展开竞争力分析,计算出了 31 个滑雪目的地竞争力的综合得分及排名,结果显示河北、北京、吉林是我国滑雪目的地排名前三的省份。在此基础上,运用聚类分析法探索得知,河北、北京、吉林、新疆位列第一梯队,构成竞争力最强梯队;黑龙江、辽宁位列第二梯队,构成竞争力较强梯队;而天津位列第三梯队,是竞争力较为一般的省份。根据全国各省份的地理划分,通过计算不同区域的得分情况,京津冀滑雪目的地的综合得分要高于东北、华中、华东、西南、西北地区,是全国滑雪目的地中最具竞争力的区域,其中东北地区的综合得分与京津冀区域不相上下,因此可以说是京津冀区域滑雪目的地最强劲的竞争对手。基于此,笔者针对这两个区域展开进一步的竞争力分析,最后得出京津冀区域滑雪目的地是全国最具竞争力的区域的结论。

京津冀区域滑雪目的地发展不平衡,河北占据主导地位,其次为北京和天津,河北不仅是京津两地滑雪消费的"后花园",也是经济发达城市重要的滑雪人才输出地区。京津冀区域的自然资源禀赋优势不明显,但人才、科技等高级生产要素优势较为突出。此外,滑雪目的地的供给与需求矛盾日益凸显。对比老牌滑雪市场——东三省区域和新兴滑雪目的地——新疆,京津冀滑雪目的地的发展略占上风。为进一步提高京津冀区域滑雪目的地的竞争力,促使该区域滑雪目的地提档升级,笔者认为应该联合政府、产业、企业三个层面的力量。在政府层面:打破地域壁垒,铸造区域品牌;制定发展规划,出台相关政策法规;完善设施建设,强化环境保护。在产业层面:利用集聚优势,实现集群发展;促进业态融合,实现转型升级;加强市场监管,规范行业发展。在企业层面:采取战略联盟的方式,去粗放取集约;丰富产品类型,提升服务品质;更新经营理念,积极开拓市场。

目　录

第一章　绪论

第一节　研究背景与意义

一、研究背景

(一)不同滑雪大区呈现出明显的区域竞争张力

在 2022 年北京冬奥会和"带动三亿人参与冰雪运动"的影响下，国内现已形成了以京津冀为主的华北滑雪大区、以黑龙江和吉林为主的东北滑雪大区、以新疆为主的西北滑雪大区以及内蒙古滑雪大区。面对国内庞大的滑雪消费市场，各个滑雪大区多向发力，纷纷尝试从供给端出发，通过扩建与新建滑雪场、优化滑雪产品和服务供给等方式提升滑雪目的地的吸引力。由《2022—2023 中国滑雪产业白皮书》可知，东三省的滑雪场多达 153 家，新疆与内蒙古共有 103 家，京津冀区域共有 88 家，这三个区域的滑雪场数量占全国总数的近 50%。东北地区作为我国滑雪市场发展的摇篮，借助优越的自然资源禀赋以及深厚的滑雪文化底蕴，滑雪品牌在国内市场上依然有着不可撼动的地位；新疆和内蒙古地处亚欧内陆，山体条件好，冰雪资源得天独厚，"丝绸之路"沿线资源禀赋组合较好，作为我国第十三届和第十四届冬季运动会的承办地，通过加强冰雪资源与民俗文化的有机结合,形成了具有当地特色的独特的冰雪文化;而京津冀地区作为我国 2022 年冬奥会赛事举办地,依托强大的消费市场,显现出强劲的后发优势。显然,以滑雪目的地为载体的不同滑雪大区的滑雪市场各有特色,不同区域滑雪市场的竞争张力明显。在这一现实情况下,笔者选取京津冀滑雪目的地展开研究,力求通过构建竞争力模型找到京津冀滑雪目的地在市场竞争中的优势与劣势。

(二)京津冀滑雪市场进入新的发展阶段

随着 2022 年北京冬奥会的成功举办,京津冀区域群众的滑雪消费热情逐渐被点燃,多样的供给与巨大的滑雪需求在京津冀区域实现良性适配,京津冀区域的滑雪市场释放出巨大的冰雪经济活力。拥有大型高端滑雪场地的崇礼地区已成为北京滑雪消费的"主要阵地",北京、天津的群众则成为崇礼地区滑雪消费的主力军。在政策红利的持续刺激以及大量企业资金不断注入的双重作用下,京津冀滑雪市场的体量正不断扩大,以市场为导向的京津冀滑雪市场以强劲的发展势头形成了与以资源为导向的老牌滑雪市场相抗衡的局面,成为推动我国滑雪市场发展的新兴力量。基于此,笔者选取滑雪目的地这一要素作为研究内容,围绕京津冀区域展开调研,从竞争力的视角出发,对京津冀滑雪目的地进行研究。

(三)世界滑雪市场竞争格局发生新变化

当前,受全球气候变暖、世界经济衰退、休闲选择多样化等方面的影响,以欧美国家为代表的发达国家的滑雪运动产业遭受巨大冲击,参与滑雪运动的人数持续走低,滑雪市场的消费活力持续萎靡。尽管受到了种种不利因素的影响,但中国滑雪市场仍借助冬奥会的契机,逆势而上,成为世界上为数不多的滑雪增量市场,面对北京冬奥会开启的全球冬季运动新时代,不论是冰雪产业成熟的欧美国家,还是全球最大的冰雪运动初级市场——中国,均面临着新时代为冰雪运动开好篇、谋好局、起好步的实践难题。京津冀作为承办过夏季奥运会和冬季奥运会的地区,集聚了大量发展滑雪产业的高级生产要素和国际化资源,是我国滑雪市场最具发展潜力的地区之一。在这个基础上系统分析京津冀滑雪目的地的竞争优势和劣势,锚定京津冀滑雪市场高质量发展的主线,抓住新技术和新产业革命的机遇,努力提高京津冀区域在中国乃至全球滑雪市场分工体系中的地位,才有机会在新一轮滑雪市场发展战略制高点上抢占先机,最终助力我国实现从追赶借鉴型滑雪经济体向引领型滑雪经济体的转变。

二、研究目的

自成功举办 2022 年北京冬奥会以来,中国滑雪市场呈现出蓬勃发展的态势,随着滑雪市场的不断壮大,不同区域滑雪目的地呈现出明显的竞争张力。京津冀区域作为 2022 年北京冬奥会的赛事举办地,在国家政策红利以及大量社会资本的刺激下,该地区的滑雪场地建设以及相关配套基础设施的完善赋予了滑雪目的地全新的发展面貌。为此,笔者尝试以京津冀区域为研究范畴,以滑雪目的地为研究内容,从竞争力的视角出发,并结合比较优势理论和竞争优势理论,运用文献资料法、实地调研法、专家访谈法、德尔菲法以及实证分析法等,对京津冀滑雪目的地展开定性和定量分析。本书拟通过定性和定量分析达到以下目的。

第一,运用钻石模型理论,通过定性分析,剖析京津冀区域滑雪目的地的发展情况,从多个维度为后续定量分析提供相关参考。然后围绕定性分析的内容,结合滑雪目的地的内涵,构建评价滑雪目的地竞争力的指标体系,并依据滑雪目的地在广义和狭义上概念的不同,分别构建两套指标体系,用以评价广义及狭义上的京津冀滑雪目的地的竞争力。

第二,通过从广义上分析包括京津冀区域在内的 31 个目的地滑雪市场,探索京津冀区域滑雪目的地在全国范围内的竞争优势和劣势,并找到可能与京津冀处于同一竞争水平的区域。在确定与京津冀同处一个竞争力水平梯队区域的基础上,从滑雪目的地的狭义层面出发,针对与京津冀处于同一个竞争水平的不同区域展开竞争力分析,深入剖析京津冀滑雪场的竞争优势和劣势。

第三,以滑雪市场发展相对成熟的欧美以及日本等国家和地区的滑雪目的地为参考,详尽分析国外滑雪目的地的发展情况,为京津冀区域滑雪目的地的发展提供有力借鉴。

第四,结合京津冀区域滑雪目的地的竞争劣势以及国外成熟的发展经验,构建提高京津冀区域滑雪目的地竞争力的发展策略,为促进京津冀滑雪市场的提档升级提供助力。

三、研究意义

(一)理论意义

本研究以滑雪目的地为对象,从竞争力的视角切入,运用比较优势理论和竞争优势理论对京津冀滑雪目的地展开定性和定量分析。在运用钻石模型理论对京津冀滑雪目的地的竞争优势进行定性分析的基础上,结合已有研究及专家意见和现实发展,构建竞争力评价指标体系,对京津冀区域滑雪目的地展开定量分析。这种从竞争力的视角分析滑雪目的地,通过理论指导实践的方式有利于丰富滑雪目的地研究的内涵并增加研究深度,为后续滑雪产业竞争力的相关研究提供理论借鉴与参考。

(二)实践意义

本研究在已有研究的基础上,结合定性分析的内容以及专家意见,构建滑雪目的地竞争力指标体系。从广义和狭义两个层面进行分析,为大众从宏观到微观了解京津冀滑雪目的地的竞争力现状提供参考,并为政府、企业采取相关措施促进京津冀滑雪目的地竞争力的提高提供现实依据。

第二节 文献综述

一、国内研究现状

(一)滑雪目的地的相关研究

王飞和朱志强认为,能定义为滑雪度假区的滑雪目的地首先体量规模应该达到一定的标准,其次在经营方面应该集滑雪、旅游、休闲度假、地产经营等多个要素于一体[①]。贾红乾认为,滑雪旅游度假区的概念是在旅游度假区概念的基础上衍生出来的,并提出滑雪旅游度假区是指依托冰雪资源建立滑雪场地来满足人们运动、休闲、健身等多重消费需求的旅游度假区[②]。陈曲骏骊指出,滑雪度假区是滑雪产业的基础单元,滑雪度假区的扩容增量是实现中国滑雪产业转型升级的关键[③]。宋晓雪通过深度调研亚布力滑雪场、万龙滑雪场、阿勒泰滑雪场、万达长白山滑雪场等大型滑雪度假区,指出大部分滑雪场的装备设施均来自国外[④]。陈钢华等以新疆丝绸之路国际度假区和吉林长白山国际度假区为样本采集地,借由量表开发与验证流程,从度假游客感知视角识别滑雪度假区属性的结构维度[⑤]。王淼对行业中逐渐成长起来的WD集团滑雪度假区进行了详尽的研究,面对北大湖、松花湖两个强劲的竞争对手,从产品、渠道、价格以

---

① 王飞,朱志强. 推进滑雪产业发展的大型滑雪旅游度假区建设研究[J]. 体育科学,2017(4):11-19.

② 贾红乾. 亚布力滑雪旅游度假区发展对策研究[D]. 哈尔滨:黑龙江大学,2015.

③ 陈曲骏骊. 我国滑雪旅游度假区发展现状及趋势研究[D]. 哈尔滨:哈尔滨体育学院,2016.

④ 宋晓雪. 我国滑雪场设施与装备发展现状及对策研究[D]. 北京:北京体育大学,2017.

⑤ 陈钢华,张艳,胡宪洋. 滑雪度假区属性的结构维度及其影响研究[J]. 地理研究,2023(2):371-388.

及市场定位等角度提出了滑雪度假区发展策略①。李燕燕等运用修正 IPA(重要性—绩效分析)方法对鄂西神农架四大滑雪场的服务质量进行了实证研究②。张善斌等认为,我国参与滑雪旅游目的地的实际人群主要可以分为两类,一类是为寻找娱乐体验的人群,另一类则是为获取技术体验的人群,前者大多为滑雪初级爱好者,而后者通常对滑雪运动技术较为熟悉,这类人群除对相关休闲配套设施有着较高的要求之外,对滑雪场的雪道、雪质、运载设备等硬件设施同样有着较高的心理期待③。黎明和刘丹指出,在规划滑雪旅游度假区的过程中,应该充分考虑度假区的开发运营、基础设施、生态环保以及资源的可持续利用问题④。周爱林对浙江省杭州市临安大明山滑雪场的认知形象、情感形象和整体形象展开分析,得出大明山滑雪场的认知形象主要由地理地标、旅游活动、设施装备和景区服务等构成⑤。叶海波和张莹认为,2022 年北京冬奥会促使中国滑雪场的布局发生重大的改变,东北独大的格局将伴随着华北、西北、西南以及中南部地区滑雪场数量的增多而面临一定的竞争⑥。阚军常和姜立嘉指出,我国大部分滑雪场的规模较小,大型滑雪度假区的数量较少,大量存在的是中小型滑雪场,规模小、管理粗放是当前我国滑雪市场普遍存在的问题⑦。王储等基于时空差异视角,运用协同发展

① 王淼. WD 集团滑雪度假区营销策略研究[D].北京:北京工业大学,2017.

② 李燕燕,兰自力,闫语. 基于修正 IPA 分析的区域滑雪场服务质量关键性问题研究——以"北雪南展"示范地鄂西神农架为例[J].武汉体育学院学报,2022(12):58-65.

③ 张善斌,朱宝峰,董欣.我国滑雪休闲度假旅游发展研究[J].体育文化导刊,2018(9):65-69.

④ 黎明,刘丹.浅谈黑龙江省滑雪旅游度假区的可持续发展——以亚布力滑雪旅游度假区总体规划为例[J].中国科技信息,2005(13):98-98.

⑤ 周爱林.滑雪旅游目的地形象感知研究——基于网络文本分析[J].旅游纵览,2022(12):15-17,22.

⑥ 叶海波,张莹.我国滑雪旅游产业的可持续发展研究[J].冰雪运动,2015(4):88-92.

⑦ 阚军常,姜立嘉.我国滑雪场发展现状的调查与分析[J].武汉体育学院学报,2012(1):39-42.

理论对西北五省区冰雪旅游时空差异特征和目的地协同发展进行研究①。徐静等采用扎根理论的研究方法，分析游客选择冰雪旅游目的地的影响因素，构建冰雪旅游目的地的游客选择意愿和影响因素模型②。朱东华指出，滑雪人数的增加与滑雪受伤人数的增加成正比，而导致受伤的原因可以从滑雪场供给的角度来分析，归纳起来主要有以下几点：雪道缺乏相应的警示提醒，雪道石头裸露，冰块未及时处理，安全网的设置高度不足，索道造成的摔伤等③。史晋娜的文章以冰雪旅游目的地引力模式为基础，分析了该引力模式下的主要影响因素，以及三个核心因素（即冰雪资源、冰雪旅游项目、基础设施建设）对冰雪旅游目的地的影响④。

从以上分析可以看出，当前对滑雪目的地的概念界定尚未形成清晰的定论，且大量研究来自冰雪旅游目的地和滑雪场的相关分析，从广义视角分析滑雪目的地的相关研究较少。通过罗列的文献内容可以看出，滑雪场和冰雪旅游目的地的相关研究多局限于定性分析，且多从雪场的运营、安全、消费者等层面展开，论述内容缺乏量化数据的支持，以致研究的说服力不足。基于此，针对滑雪目的地概念的缺失、定量研究的匮乏，笔者结合滑雪目的地的广义视角和狭义视角，立足已有的相关研究，对滑雪目的地展开研究。

（二）滑雪目的地竞争力的相关研究

1. 滑雪目的地竞争力指标体系构建的相关研究

张东亮提出，旅游目的地是一个综合性较强的概念，以旅游这一

---

① 王储，把多勋，马斌斌，等. 2022 年北京冬奥会背景下西北五省区冰雪旅游目的地协同发展研究——基于时空差异视角[J]. 新疆大学学报（哲学社会科学版），2022(3):9-17.

② 徐静，王安茹，田淑慧.冰雪旅游目的地的游客选择意愿及影响因素研究——基于扎根理论的质性分析[J]. 价格理论与实践，2021(3):118-121.

③ 朱东华. 我国滑雪场安全设施现状与提升对策研究[J]. 冰雪运动，2015(1):25-28.

④ 史晋娜.全域旅游背景下冰雪旅游目的地引力模式探析[J]. 社会科学家，2020(6):73-79.

活动为媒介,涉及政治、经济、文化、社会、自然等多个领域,在这些领域相互作用产生新型的关系。他认为旅游目的地的构成要素主要包括旅游吸引物、相关服务设施及基础设施、管理部门等,其中旅游吸引物包括自然风景、历史文化遗产、现代人造景观、各类节庆活动等①。柴寿升等指出,根据旅游目的地竞争力的来源,滑雪旅游目的地竞争力的构成要素可以从三个方面进行阐述,具体内容如图 1-1 所示②。

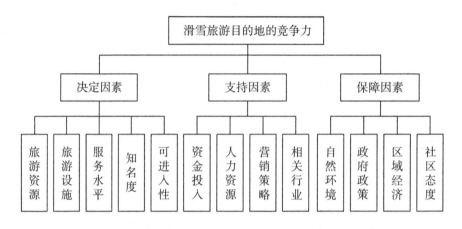

图 1-1　滑雪旅游目的地竞争力构成要素分层结构

韩国纲和张守信指出,滑雪旅游目的地的竞争力是由诸多因素共同决定的,并列出了构成滑雪旅游目的地竞争力的几个要素,具体如表 1-1 所示。他们提出,资源是滑雪旅游目的地发展的依托,设施是形成竞争力的重要因素,就算拥有好的资源禀赋,如果没有配备相关设施,也很难提高市场活力③。董亚娟和马耀峰在已有研究的基

---

① 张东亮. 旅游目的地竞争力指标体系及评价研究[D].杭州:浙江大学,2006.

② 柴寿升,付艳慧,郭晶. 旅游目的地竞争力构成要素分析——以滑雪旅游为例[J]. 中国海洋大学学报(社会科学版),2009(3):61-64.

③ 韩国纲,张守信. 基于德尔菲法的滑雪旅游目的地竞争力的影响因素[J].冰雪运动,2015(2):71-75.

础上,结合旅游目的地的内涵和特征,构建了山水型旅游目的地竞争力模型——REMPIS模型,并提出应该从目的地形象、产品和服务,以及管理等方面做出努力,提高目的地的竞争力①。具体如表1-2所示。

表1-1 滑雪旅游目的地的构成要素

主要问题	详细内容
旅游目的地吸引物	滑雪旅游资源、产品、区位
滑雪旅游目的地设施	基础设施、配套设施
滑雪旅游管理因素	目的地管理、旅游企业管理
环境支持力	自然环境、社会环境
限制性和放大因素	可进入性、目的地形象、技术人才、碳汇机制

表1-2 山水型旅游目的地竞争力要素构成

竞争力要素构成	详细内容
目的地资源	包括目的地旅游资源、旅游设施设备、劳动力资源等
目的地环境	包括自然环境、人文环境、基础设施、公共设施等
目的地管理	政策法规的制定、市场营销管理与人力资源管理
目的地产品	产品设计、开发、更新与提升
目的地形象	目的地旅游形象的建设、推广和维系
目的地旅游服务	目的地旅游服务质量、内容、方式,售后服务和客户关系的维持

张立明和赵黎明将旅游目的地看作一个系统,认为旅游目的地系统应该具备三个要素,即旅游吸引物、旅游设施和旅游业的管理,每个要素中又包含若干个子要素,具体内容如图1-2所示②。

① 董亚娟,马耀峰. 山水型旅游目的地竞争力提升研究——以陕西大南宫山旅游区为例[J]. 特区经济, 2009(5):163-165.
② 张立明,赵黎明. 旅游目的地系统及空间演变模式研究——以长江三峡旅游目的地为例[J]. 西南交通大学学报(社会科学版),2005(1):78-83.

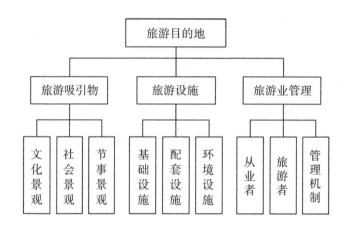

图 1-2　旅游目的地竞争力系统的构成要素

张卫等以京张体育文化旅游带的 106 个景区、景点为研究对象，以携程网的 86192 条点评为数据来源，使用 LDA（隐含狄利克雷分配）主题模型对京张体育文化旅游带游客感知意象主题进行分析①。李安娜和丛冬梅利用文献资料法、实地考察法、专家访谈法等，借助波特钻石模型理论对影响东北滑雪目的地竞争力的各要素进行分析和探讨②。苏贝和夏敏慧根据钻石模型理论，针对体育旅游目的地的构成要素展开分析③。刘维星认为，滑雪目的地的构成要素可依据钻石模型六要素（即生产要素、需求要素、相关支出要素、企业竞争、政府和机会等）展开分析④。

从以上滑雪目的地构成要素的相关研究可以看出，滑雪目的地的构成要素尚未形成完整体系，且从竞争力视角分析滑雪目的地的

　　① 张卫，程照轩，杨金田. 京张体育文化旅游带游客感知意象对满意度评价的非对称性影响[J].上海体育大学学报，2024(3):96-104.
　　② 李安娜，丛冬梅.基于"钻石模型"的东北滑雪目的地竞争力研究[J].冰雪运动，2021(1):77-82.
　　③ 苏贝，夏敏慧."钻石理论"模型下海南海洋体育旅游目的地竞争力现状分析[J].海南广播电视大学学报，2015(3):58-61.
　　④ 刘维星.基于波特钻石模型的福建乡村旅游产业竞争力分析[D].福州:福建农林大学，2016.

相关研究较少,基于滑雪具有旅游的属性特征,笔者罗列了有关旅游目的地构成要素的部分文献资料,从罗列的内容可以看出,关于旅游目的地的构成要素,有的学者从旅游目的地的概念内涵出发,针对其构成要素展开叙述,而有的则依据钻石模型六要素对旅游目的地的构成进行分析。基于此,在借鉴旅游目的地相关文献内容的基础上,笔者基于钻石模型六要素对滑雪目的地的竞争力构成要素展开剖析。

2. 滑雪目的地竞争力评价的相关研究

(1)评价内容

许寒冰针对滑雪场地服务业竞争力的评价,列举了若干项指标,通过定量分析,最后得出生产资源要素是核心竞争力,以及具有资源禀赋优势的北方地区将在核心竞争力方面占据有利地位的结论[①]。白蕴超等以我国度假型滑雪场的旅游吸引力为研究对象,运用德尔菲法、数理统计法等,构建了我国度假型滑雪场旅游吸引力消费者评价体系[②]。付卉等以吉林市 2018—2021 年雪季冰雪旅游产业的各项指标数据为依据,构建评价指标体系,综合评价吉林市冰雪旅游产业[③]。臧德霞认为,滑雪旅游目的地的竞争力主要表现在三个层面,分别是目的地旅游业的竞争业绩、游客的满意程度以及居民的生活水平。其中,第一个要素反映的是目的地的现实竞争力,而后两个因素反映的则是未来的潜在竞争力,具体内容如图 1-3 所示[④]。

① 许寒冰. 我国滑雪场地服务业竞争力分析[J]. 北京体育大学学报,2018(4):44-49.
② 白蕴超,阮飞,郑佳淇,等. 我国度假型滑雪场旅游吸引力评价研究[J]. 河北体育学院学报,2024(3):38-47.
③ 付卉,宫长海,张竞. 冰雪旅游产业综合评价体系构建及实证研究——基于吉林市 2018—2021 年的指标数据[J]. 北华大学学报(社会科学版),2022(6):114-123.
④ 臧德霞. 基于因子分析的旅游目的地竞争力评价指标体系研究[J]. 北京第二外国语学院学报,2009(9):20-27.

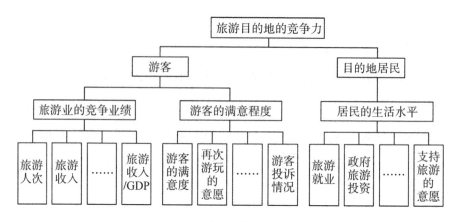

图 1-3　旅游目的地竞争力系统的构成要素

李君婷以哈尔滨冰雪大世界景区为研究案例,收集景区在旅游网站上的线上评论文本内容,并对景区到访游客开展问卷调研,构建适合我国冰雪旅游景区的旅游体验质量评价体系①。郑鹏等在文章中建构了青藏高原情境下县域旅游目的地竞争力评价模型,并运用基于熵值的层次分析法、障碍度模型等实现合理赋权、问题诊断与类型识别②。曹宁等认为,要评价一个真正有竞争力的旅游目的地,不仅要考虑其促进区域经济繁荣发展的功能,也要考虑其对于当地环境以及居民生活质量的提高作用。关于旅游目的地对居民生活质量的影响,他们从以下几个方面进行了说明(见表 1-3)③。

表 1-3　发展旅游目的地对居民生活质量的影响

影响	积极方面	消极方面
经济	增加收入,创造就业	价格上涨,地产投机
物质	完善基础设施,建设新设施	环境破坏,人口拥挤

①　李君婷. 冰雪旅游景区旅游体验质量评价与提升研究——以哈尔滨冰雪大世界为例[J]. 经营与管理,2023(11):147-152.

②　郑鹏,刘壮,陈家怡,等.青藏高原县域旅游目的地竞争力评价及障碍分析[J]. 干旱区资源与环境,2023(2):177-185.

③　曹宁,郭舒,隋鑫. 旅游目的地竞争力问题研究提纲[J]. 社会科学家,2003(6):89-93.

续 表

影响	积极方面	消极方面
社会	发展区域节事,增加社区服务	贪婪,过度城市化
心理	自豪感、地方精神、非狭隘意识	防御倾向,文化冲突
文化	生活方式示范,加强传统价值观的宣传	人际关系货币化,出现迎合游客的假民俗
政治	国际社会认同,政治宣传	歪曲事实以达到政治目的

程志会等的研究旨在探讨建立国家冰雪旅游目的地评价体系,以便将来选择和建设冰雪旅游示范区[①]。马勇和陈慧英认为,乡村旅游目的地是一个复杂的结构系统,乡土特色是吸引游客的核心内容。他们针对如何评价乡村旅游目的地的问题,构建了相关评价模型,具体如图 1-4 所示[②]。

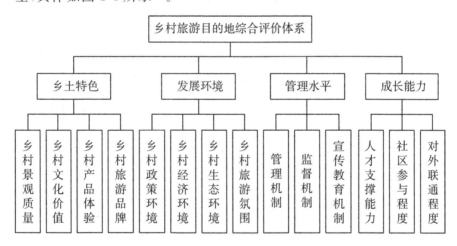

图 1-4 乡村旅游目的地综合评价模型

（2）评价方法

通过查阅文献,发现针对旅游目的地竞争力的评价方法主要有

① 程志会,刘锴,孙静,等. 中国冰雪旅游基地适宜性综合评价研究[J]. 资源科学,2016(12):2233-2243.

② 马勇,陈慧英. 乡村旅游目的地评价综合指标体系研究[J]. 湖北大学学报(哲学社会科学版),2014(3):137-142.

定性研究方法和定量研究方法。定性研究方法主要包括归纳演绎法、德尔菲法和情景法等。李树旺等基于 IPA 方法,以滑雪旅游为着力点,从游客感知的视角切入研究主题,从微观层面的滑雪场服务探讨滑雪旅游服务质量这个主题[①]。刘宇峰运用主成分分析法对 31 个省份的旅游竞争力进行了分析[②]。于文谦和朱焱以我国滑雪场地分布数量较多地区的 155 个滑雪场地的冰雪健身人群为调查对象,以需求分类理论与顾客满意度理论为基础,基于消费者需求与满意度构建 KANO 模型与 IPA 分析模型[③]。林明水等采用基于 ArcGIS 10.1 的空间主成分分析和空间自相关分析方法测度国家全域旅游示范区的竞争力及其空间自相关性[④]。张军和孙铭泽依据辽宁省 14 个城市冰雪产业相关统计年鉴、公报及经济普查数据,对辽宁省冰雪运动产业潜力的相关因素进行分层和综合评价[⑤]。方琰等采用层次分析法和熵权法构建了复合视角下的滑雪场空间活力评价体系和框架;通过时间序列波动率模型、核密度分析、可达性计算模型和信息熵等方法分析中国滑雪场的空间活力特征[⑥]。周文静和张瑞林根据冰雪产业政策分析框架,参考已有研究中的政策指标设定,构建冰雪产业政策 PMC(政策一致性)指数模型[⑦]。李佳和和智璇基于认

① 李树旺,李京律,刘潇锴,等. 滑雪旅游服务质量评价与后北京冬奥会时期的优化对策——从北京雪场滑雪游客感知的视角切入[J]. 北京体育大学学报,2022(5):146-161.
② 刘宇峰,孙虎,李娜,等. 省域旅游竞争力评价指标体系的构建及应用[J]. 干旱区资源与环境,2008(8):93-97.
③ 于文谦,朱焱. 我国滑雪场地服务质量评价与改进研究[J]. 首都体育学院学报,2019(1):33-37.
④ 林明水,廖茂林,王开泳. 国家全域旅游示范区竞争力评价研究[J]. 中国人口·资源与环境,2018(11):83-90.
⑤ 张军,孙铭泽. 辽宁省冰雪运动产业发展潜力评价指标体系研究[J]. 辽宁师范大学学报(自然科学版),2023(3):416-421.
⑥ 方琰,徐海滨,蒋依依. 多源数据融合的中国滑雪场空间活力评价研究[J]. 地理研究,2023(2):389-406.
⑦ 周文静,张瑞林. 基于 PMC 指数模型的冰雪产业政策量化评价及实证研究[J]. 武汉体育学院学报,2022(4):42-48.

知—情感和传播过程理论,提出冰雪旅游目的地形象感知的理论假设与模型,构建了冰雪旅游目的地形象感知结构方程模型①。王储等基于百度指数数据,运用指数测度、空间地理分析、回归模型和地理探测器,对2011—2019年中国26个代表性滑雪场网络关注度的时空演变特征及影响因素进行分析②。李锦宏等基于DPSIR(驱动力—压力—状态—影响—响应)模型构建评价体系,采用2001—2019年的数据,分别利用熵权法改进的TOPSIS(优劣解距离)法和径向基(RBF)神经网络进行评价和预测③。

从以上滑雪目的地竞争力评价的相关文献可以看出,有关滑雪目的地竞争力评价的文献极为稀少。基于滑雪具有旅游的属性特征,笔者罗列了旅游目的地评价的部分相关文献,从文献的评价内容可以看出,旅游目的地的评价内容多围绕旅游目的地的构成要素,而在评价旅游目的地竞争力方面,有的学者采用定性分析方法,有的学者运用因子分析、聚类分析、分层分析或者主成分分析等量化分析方法,有的学者则采用定性和定量相结合的方法进行分析,从而赋予研究更高程度的合理性与科学性。基于此,立足已有的研究内容,笔者运用定性和定量相结合的方法对滑雪目的地的竞争力展开分析。

3. 提升滑雪目的地竞争力的策略

岳辉认为,提升体育旅游目的地的竞争力需要多方联动形成合力。政府应该充分发挥宏观调控以及市场引导的职能,同时企业要加强对硬件和软件设施的改造与升级,大众遵循自觉自律原则,确保

---

① 李佳,和智璇. 基于结构方程模型的冰雪旅游目的地形象感知研究——以长春冰雪新天地为例[J]. 资源开发与市场,2024(5):1-14.

② 王储,卢长宝,把多勋,等. 中国代表性滑雪场网络关注度时空演变及影响因素[J]. 自然资源学报,2022(9):2367-2386.

③ 李锦宏,曾雪,曹庆瑶,等. 喀斯特山地旅游生态系统安全评价及趋势预测——以贵州国际山地旅游目的地为考察样本[J]. 生态经济,2022(9):145-151.

个人行为的合理性①。亓顺红等在研究滑雪旅游服务高质量供给路径时指出:重点完善滑雪场配套设施、滑雪设施和可达性建设;针对不同的游客类型和滑雪水平群体,制定并实施差异化的发展策略②。亓顺红等围绕如何提升滑雪旅游消费者意向的问题,提出要加强滑雪场滑雪及配套设施建设,并确保其可达性和消费价格的合理性;整合滑雪产业优势资源,提升不同滑雪水平消费者细分市场旅游服务精准供给能力等③。张瑞林和周文静提出,若要提升滑雪产业的竞争力,则需要从投入要素—产出要素—环境要素着手,要从主体引导、供需互动、资源循环、技术驱动等方面推动我国滑雪产业高质量发展④。唐承财等在新时代中国冰雪旅游高质量发展的研究中指出,从产业集群的形态创新、业态融合的内容创新、科技赋能的技术创新、政企协作的机制创新、中国特色的道路创新五个方面,构建"形态—内容—技术—机制—道路"的冰雪旅游高质量发展创新模式⑤。刘花香和曹芳平提出要推动滑雪场馆智慧化转型升级,滑雪场馆经营者应从明确数字化战略管理目标、构建完善的数字化体系、优化成本管理等方面变革滑雪场馆的管理方式⑥。邢金明等在我国滑雪产业可持续发展的研究中指出:要明确责任主体,推动绿色责任落实;深入绿色案例研究,健全行业标准法规;调研绿色主体需求,优化环

————————————

① 岳辉. 解析体育旅游目的地竞争力的提升路径[J]. 科技资讯,2018(9):219-221.

② 亓顺红,王敏,李娟,等. 滑雪旅游服务高质量供给路径与策略:一项滑雪游客忠诚度影响因素的实证研究[J]. 山东体育学院学报,2023(5):70-79.

③ 亓顺红,王敏,李娟,等. 滑雪旅游消费者行为意向影响因素及其影响机理研究——基于消费者滑雪水平的多群组比较分析[J]. 中国体育科技,2023(8):90-97.

④ 张瑞林,周文静. 中国滑雪产业高质量发展的问题审视、理论要素与驱动路径[J]. 北京体育大学学报,2023(3):1-9.

⑤ 唐承财,方琰,厉新建,等. 新时代中国冰雪旅游高质量发展模式构建与路径创新[J]. 干旱区资源与环境,2023(12):140-150.

⑥ 刘花香,曹芳平. 智慧滑雪场馆建设的驱动机制、现实掣肘与实践进路[J]. 首都体育学院学报,2024(2):154-162.

保服务平台等①。王飞针对如何提升我国滑雪服务的竞争优势等问题提出，要聚焦滑雪服务"体验"理念、雪场管理者的专业性、目标客户的体验诉求、差异化的滑雪服务供给等方面②。

从以上关于提升滑雪目的地竞争力策略的相关文献可以看出，提升滑雪目的地竞争力的研究文献并不多，基于滑雪具有旅游的属性特征，笔者罗列了有关提升旅游目的地竞争力的部分文献，从文献的内容可以看出，专家学者较为认同的观点是：提高旅游目的地竞争力需要联动政府及企业等多方力量，通过发挥合力作用共促旅游目的地竞争力的提档升级，如政府加强基础设施建设、企业做好营销策划及战略等。基于此，立足已有的文献资料，笔者将以研究内容为根本，从政府、产业及企业等层面出发，就如何提高滑雪目的地竞争力提供建议。

(三)京津冀滑雪目的地的相关研究

1. 北京、天津、河北滑雪目的地的相关研究

马微等通过调查访问、数据收集，对张家口市崇礼区某滑雪场2018—2019年雪季滑雪者的损伤情况进行研究分析③。蒋依依等在京张体育文化旅游带建设的使命与路径研究中，基于新西兰南岛的政府—市场结合型模式和阿尔卑斯山地区的市场主导模式经验，提出京张体育文化旅游带的建设路径，即创新体制机制、加强顶层设计、优化发展格局和加大政策支持④。王润和魏绮梦以河北省张家

① 邢金明，欧阳井凤，马林晓. 绿色责任：我国滑雪产业可持续发展考量[J]. 体育文化导刊，2024(4)：82-89.
② 王飞. 体验诉求视域下我国滑雪服务的竞争优势提升研究[J]. 体育科学，2018(9)：88-97.
③ 马微，米娅莉，杨新明. 滑雪损伤情况调查——以河北崇礼某雪场为例[J]. 河北北方学院学报(自然科学版)，2021(8)：19-21.
④ 蒋依依，洪鹏飞，谢婷，等. 京张体育文化旅游带建设的使命与路径[J]. 北京体育大学学报，2021(4)：1-12.

口市崇礼区的滑雪运动产业为研究对象,通过回溯的政策分析手段,运用扎根理论进行数据整理,构建滑雪运动产业成长的政策理论框架①。杨润田和徐腾达从总量、分量、分类角度出发,综合应用回归分析法、类推分析法、专家评估法和调查分析法等预测未来五年崇礼区滑雪旅游产业的收入总量,并以各种方法的平均值作为最终结果②。王者等通过收集 2009—2019 年崇礼区滑雪旅游系统和当地经济系统的指标数据进行耦合度分析,探寻崇礼区滑雪旅游系统和地区经济系统之间的协调发展程度及阶段③。陈嘉琪通过对张家口市崇礼区的实地调研,分析了 2022 年北京冬奥会的成功申办对承办地发展的影响和社区居民对旅游开发的态度与参与意愿④。马雪茹等认为,天津坐落在环渤海生态圈的东部地区,受海洋性气候的影响,积雪时间较短⑤。王艳兵等认为,不论是从保护滑雪消费者的权益还是从滑雪场健康运营的可持续发展角度出发,滑雪场都应该构建安全救援体系,通过深度调研张家口的四家滑雪场,发现四家滑雪场虽然均设有安全预警控制系统,但是仍存在具体的救援设备还不够完善,以及救援队伍的专业化技术水平不高等不足⑥。

2. 京津冀区域滑雪目的地的相关研究

吕婵等深入分析了京津冀地区"带动三亿人参与冰雪运动"的政

① 王润,魏绮梦.滑雪运动产业发展的政策分析——基于张家口崇礼的扎根理论研究[J].河北科技大学学报(社会科学版),2022(3):20-27.

② 杨润田,徐腾达.冬奥会背景下崇礼滑雪旅游产业的发展规模——基于经济预测的视角[J].沈阳体育学院学报,2019(6):1-7.

③ 王者,蒋依依,厉新建,等.滑雪旅游能否改善地区经济?——以冬季奥林匹克举办地崇礼为例[J].资源与生态学报,2022(4):603-612.

④ 陈嘉琪.滑雪目的地社区居民参与意愿研究——以崇礼为例[J].石家庄学院学报,2019(6):92-96.

⑤ 马雪茹,游雪莹,史东燕.天津市推动滑雪产业发展的 swot 分析[J].当代体育科技,2018(3):232-233.

⑥ 王艳兵,王文霞,樊晓兵,等.高山滑雪场游客安全救护模式研究——以张家口崇礼区为例[J].河北北方学院学报(社会科学版),2017(2):109-112.

策执行效力和推进困境①。吴玲敏等采用文献资料法和实地调研法等对北京冬奥会推动京津冀冰雪旅游发展效应及协同推进策略进行了研究②。姚小林认为京张地区冰雪资源的开发优势有以下几点：2022年北京冬奥会契机与京津冀协同发展战略；2008年夏季奥运会积累的赛事经验；场馆资源的可循环利用等。而劣势有雪期较短、文化传统不牢固、复合型人才缺乏、滑雪场的集聚效应不高等③。路来冰等通过网络文本语义分析软件对旅游网站的评价文本进行分析，同时结合扎根理论，以及三级编码软件对京津地区滑雪场的负面评价进行编码，以游客感知视角研究两地区的滑雪旅游形象④。林志刚等在推动京津冀冰雪旅游公共服务协同发展的研究中指出，要构建北京冬奥会推动京津冀冰雪旅游公共服务协同发展的多元化供给模式，创新京津冀冰雪旅游公共服务协同发展支撑平台，构建北京冬奥会推动京津冀冰雪旅游公共服务协同发展协会治理模式⑤。王蓓等运用文献资料法等，立足于2022年北京冬奥会背景，研究京津冀地区冰雪体育旅游业的发展背景、困境和对策⑥。陈明辉等运用文献资料法、专家访谈法和实地考察法等对2022年北京冬奥会背景下京津冀冰雪赛事协同发展情况及存在的问题进行了探讨⑦。李颖等

———————————

①　吕婵，阚军常，叶海波. 京津冀推进"3亿人参与冰雪运动"的政策研判、现实困境及应然选择[J]. 吉林体育学院学报，2022(1)：85-90.

②　吴玲敏，任保国，和立新，等. 北京冬奥会推动京津冀冰雪旅游发展效应及协同推进策略研究[J]. 北京体育大学学报，2019(1)：50-59.

③　姚小林. 京张地区冰雪体育资源的SWOT分析与开发对策[J]. 哈尔滨体育学院学报，2018(3)：15-21.

④　路来冰，杨少雄，陈薇. 基于网络文本的我国滑雪场形象感知研究——以京津冀与东北三省为例[J]. 吉林体育学院学报，2023(1)：92-101.

⑤　林志刚，李杉杉，吴玲敏. 2022年北京冬奥会推动京津冀冰雪旅游公共服务协同发展策略研究[J]. 中国体育科技，2021(9)：20-28.

⑥　王蓓，张楠，谢慧松. 北京冬奥会背景下京津冀地区冰雪体育旅游业发展困境与对策[J]. 体育文化导刊，2021(10)：71-77.

⑦　陈明辉，王庆伟，张树敏，等. 北京冬奥会背景下京津冀冰雪赛事协同发展研究[J]. 西安体育学院学报，2021(4)：441-448.

以冬奥会赛区——北京—张家口地区(简称京张地区)滑雪场为研究对象,通过重心分析方法,揭示了近 20 年京张两地滑雪场空间格局的变化特征,并据此划分了冰雪产业的发展阶段[①]。白蕴超等在改进计划行为理论的基础上,引入人口特征和雪上运动文化变量,构建了滑雪消费行为意向结构方程模型,以崇礼区为例检验影响我国大众滑雪消费行为意向的主要因素[②]。张天琦等采用文献资料法、案例研究法、逻辑推演法等进行研究,提出以京张体育文化旅游带北轴的京礼高速为轴线建设京张滑雪旅游带的全域构想,并在借鉴国外滑雪旅游全域实践的基础上提出实现路径[③]。

从以上京津冀滑雪目的地的相关研究可以看出,针对北京、河北等地的相关研究数量多于针对天津滑雪目的地的研究数量,这与天津发展滑雪市场的资源要素和场地设施不及北京、河北有关。除此之外,从京津冀区域范畴来看,以滑雪目的地为研究对象的理论篇章匮乏,在推动京津冀协同发展的框架体系中,以滑雪产业为载体,开辟京津冀协同发展新路径,是响应时代发展号召的积极实践。基于此,笔者立足已有的研究成果,以京津冀区域为研究范畴,以滑雪目的地为研究内容,结合比较优势理论和竞争优势理论,对京津冀滑雪目的地竞争力展开定性和定量分析。

(四)京津冀滑雪目的地竞争力的相关研究

路璐引用崇礼云顶滑雪场的案例,运用定量研究分析了滑雪游客的感知价值,以及其满意度与行为意向的关系。该研究认为,分析滑雪消费者的偏好有利于帮助滑雪企业精准定位,通过调整营销战

---

① 李颖,朱天龙,姚冰,等. 近 20 年北京和张家口地区滑雪场发展及其空间分布特征[J].经济地理,2022(1):191-198.
② 白蕴超,林显鹏. 冬奥背景下我国大众滑雪消费行为意向研究——以崇礼地区为例[J].沈阳体育学院学报,2021(2):77-85.
③ 张天琦,张崇龙,邱森,等. 京张滑雪旅游带的全域构想、国际镜鉴与实现路径[J]. 沈阳体育学院学报,2023(1):138-144.

略,提供与滑雪消费者高度匹配的产品和服务,可获得更多消费者,提高市场竞争力①。宋大维和王忠将北京和河北崇礼的滑雪目的地进行对比分析,通过分析两个地区滑雪场的硬件设施和运营管理等多个方面,指出北京滑雪场的分布较为分散且规模较小,相关配套设施不齐全,而崇礼区的滑雪场分布较为集中,规模较大,营销模式较为多元化、个性化且滑雪旅游的人数和收入逐年递增②。张莹等选取崇礼的四家滑雪场(即万龙、云顶、多乐美地、长城岭)进行分析,指出四家滑雪场在运营过程中有着明确的发展定位:万龙的市场定位主要瞄准滑雪爱好者,云顶旨在加强配套建设以面向高端比赛、会议等事项,多乐美地则注重亲子、儿童度假休闲活动,而长城岭依托体育局的官方资源为训练提供场地③。吕婵等对中国几个滑雪大区的分布展开分析,如北京及周边、黑龙江、吉林、以四川和云南为主的西南地区、新疆的滑雪场的情况,对不同地区的优势和劣势及特征进行了描述。以北京周边的滑雪场为例,文中提到北京有着巨大的滑雪需求,且北京周边的中小型滑雪场的设施及配套均高于全国中小型滑雪场的平均水平④。贾志强和刘花香运用文献研究法、专家访谈法、实地调研法、德尔菲法构建了中国滑雪场市场竞争力评价指标体系,并运用因子分析法和聚类分析法对我国京冀地区和黑吉地区的滑雪场进行市场竞争力的实证分析⑤。孙文文和刘希佳运用钻石模

① 路璐. 滑雪游客感知价值、满意度与行为意向的关系研究[D]. 石家庄:河北师范大学, 2018.

② 宋大维,王忠. 京冀地区滑雪旅游产业现状与营销策略比较研究[J]. 冰雪运动, 2014 (6):64-69.

③ 张莹,叶海波,陈艳霞. 冬奥会背景下崇礼县滑雪场发展现状与前景[J]. 冰雪运动, 2016(2):78-82.

④ 吕婵,麻冬梅,姚世庆,等. 我国部分地区滑雪场发展现状及对策研究[J]. 哈尔滨体育学院学报, 2012(4):35-39.

⑤ 贾志强,刘花香. 我国地区性滑雪场的市场竞争力的实证研究:以京冀地区与黑吉地区为例[J]. 首都体育学院学报, 2022(3):305-313.

型理论,对张家口市滑雪产业的生产要素、需求条件、相关与支持性产业、企业战略结构和同业竞争等要素进行分析①。郑蓓蓓通过竞争力五因素模型理论构建指标评价体系,采用结构熵权模型进行指标权重赋值,对大型滑雪旅游度假区竞争力评价体系进行构建②。

从以上京津冀区域滑雪目的地竞争力的相关研究可以看出,从定性视角分析区域间或区域内竞争力的相关研究居多。有学者对京津冀区域内的大型滑雪场展开定性比较,但很少有学者将滑雪大区新秀(京津冀区域)与老牌滑雪市场(东北区域)进行定量比较。基于此,笔者以京津冀区域为研究范畴,以滑雪目的地为研究内容,从竞争力视角出发,结合比较优势理论和竞争优势理论,运用文献资料法、实地调研法、专家访谈法、德尔菲法以及实证分析法等,对京津冀滑雪目的地展开定性和定量分析。

二、国外研究综述

(一)欧洲地区滑雪目的地的相关研究

Flagestad 指出,20 世纪末,雪资源匮乏导致滑雪场收入递减的情况比比皆是,特别是低海拔地区的滑雪场,受影响更为明显。据统计,在 1986—1987 年雪季,某滑雪场缆车公司的收入下降了 20%。在整个欧洲滑雪市场走势不明朗的大环境下,法国地区,特别是阿尔卑斯集团(CDA)旗下的滑雪场因地处高海拔的优势,受影响程度相对较小③。Tuppen 指出,自 1990 年开始,法国滑雪市场增速放缓,这一现象从法国的 CDA 滑雪场的数据中可以看出,从 1993—1994

① 孙文文,刘希佳. 后冬奥时代张家口市滑雪产业竞争力的分析与提升——基于"钻石模型"理论[J]. 冰雪运动,2023(6):73-76.

② 郑蓓蓓. 基于五因素模型的大型滑雪旅游度假区竞争力评价研究[J]. 吉林体育学院学报,2020(3):82-87.

③ Flagestad A. Strategic success in winter sports destinations: A sustainable value creation perspective[J]. Tourism Management,2001(22):445-461.

年雪季到 2012 年雪季，去滑雪天堂度假区（拉普拉涅、雷萨克、培瑟-瓦兰德）和雷美纽尔度假区（Les Menuires-Méribel）的滑雪人次的平均增长率仅为 0.7％；而由蒂涅（Tignes）和伊泽尔谷（Val d'Isère）组成的基利滑雪区域的滑雪人次在同期不增反减①。Yangutova 等以俄罗斯环贝加尔湖五大滑雪旅游区为研究对象，建立了冰雪旅游区综合竞争力评价指标体系及定量评估模型，科学评估环贝加尔湖冰雪旅游区的综合竞争力水平②。

　　Hinterhuber 和 Liozu 指出，在挪威，许多滑雪场会针对不同年龄阶段的人群提供不同的雪票价格，并且雪票价格会依据雪季的不同阶段进行调整。如雪季结束时的雪票价格与周末和工作日时段的价格不同③。Scott 等认为，旅游产业是世界上发展速度最快的产业之一，挪威政府将旅游产业视为推动国家经济发展的重点产业。根据挪威山地协会统计，挪威共有滑雪场 200 多家，且分布在挪威的各个地区，其中东部地区的滑雪场数量占总量的 53％，西部地区占 21％，北部地区占 11％，南部地区占 7％，中部地区占 8％④。Martin 运用模型对奥地利滑雪场制定的价格进行评估，发现价格的制定与滑雪场的规模、设备的运载能力、造雪能力等因素相关⑤。Henna 等通过统计芬兰不同地区的滑雪场的游客人数来分析游客选择滑雪目的地的标准，并根据游客选择的标准对目的地相关的运营管理问题

　　① Tuppen J. The restructuring of winter sports resorts in the French Alps: Problems, processes and policies[J]. International Journal of Tourism Research, 2000(5):327-344.

　　② Yangutova A，董锁成，程昊，等. 俄罗斯环贝加尔湖滑雪旅游区竞争力评价研究[J]. 中国生态旅游，2021(6):908-925.

　　③ Hinterhuber A, Liozu S. Is it time to rethink your pricing strategy?[J]. MIT Sloan Management Review, 2012(4):69-77.

　　④ Scott D, Steiger R, Dannevig H. Climate change and the future of the Norwegian alpine ski industry[J]. Current Issues in Tourism, 2020(23):2396-2409.

　　⑤ Martin F. A hedonic price model for ski lift tickets[J]. Tourism Management, 2008(6): 1172-1184.

进行了探讨①。Vassiliadis 对希腊不同地区的 13 个滑雪目的地进行了调研，根据不同时间的客流量以及游客行为，构建了矩阵模型②。Ferrand 和 Vecchiatini 将滑雪场服务定义为为滑雪消费者参与滑雪活动和非滑雪类相关活动提供便利的行为。他们通过结构方程模型检查了滑雪场形象以及滑雪和非滑雪类服务属性对顾客满意程度的影响③。Fischer 等指出，奥地利滑雪场分布在不同海拔高度区域，且不同海拔高度的滑雪场的游客高峰时段存在差异。对于高海拔地带的冰川滑雪场，每年的 10—11 月以及来年的 3—5 月滑雪人次最多，对于低海拔地区的滑雪场，滑雪人次最多的时候通常是在 11 月至复活节期间，且大多数奥地利的滑雪场都有夏季运营项目，如山地自行车速降和攀冰等④。Rixen 指出，随着全球气候变暖，在未来 30 年，欧洲阿尔卑斯地区的滑雪线海拔将从 1200 米上升到 1500 米，除此之外，滑雪场人工造雪设备的增加、用于修整雪道的大型机械设备的应用还会对山体的植被和土壤产生影响，雪道上积雪覆盖下的土壤和植被的温度将降到零下 10 摄氏度⑤。Jenni-Eiermann 和 Arlettaz 指出，松鸡应激激素代谢的下降证明人类在山上的雪道开发与维护活动对其有很大的影响，研究证明持续重复的干扰可能对其造成相当程度的压力，这种高压环境将影响鸟类的健康和生存⑥。

① Henna K, Laukkanen T, Komppula R. Using ski destination choice criteria to segment Finnish ski resort customers[J]. Tourism Management, 2011(5):1096-1105.

② Vassiliadis C A, Priporas C V, Andronikidis A. An analysis of visitor behaviour using time blocks: A study of ski destinations in Greece[J]. Tourism Management, 2013(1):61-70.

③ Ferrand A, Vecchiatini D. The effect of service performance and ski resort image on skiers' satisfaction[J]. European Journal of Sport Science, 2002(2):1-17.

④ Fischer A, Olefs M, Abermann J. Glaciers, snow and ski tourism in Austria's changing climate[J]. Annals of glaciology, 2011(58):89-96.

⑤ Rixen C, Wipf S, Fischer M, et al. Effects of ski piste preparation on alpine vegetation [J]. Journal of Applied Ecology, 2005(2):306-316.

⑥ Jenni-Eiermann S, Arlettaz R. Does ski tourism affect alpine bird fauna? Highlights of analytical chemistry in switzerland[J]. Chimia, 2008(4): 301.

Elsasser 和 Bürki 指出，因为雪资源的匮乏，低海拔地区的滑雪场迟早会从滑雪市场退出，在优胜劣汰的环境下，高海拔地区的雪场将迎来新的发展生机，同时高海拔地区脆弱的生态系统会成为重点预警对象①。Roux-Fouillet 等提到，在滑雪场实施人工造雪之前，所有的相关主体，如滑雪场投资人、索道公司、当地社区以及旅游局和自然环保局等，应组织起来，就相关问题进行协商②。Unbehaun 等指出，全球气候变暖是否会导致滑雪人次减少这一问题的答案尚未可知，例如 2006—2007 年雪季，自然降雪贫乏，瑞士缆车票收入减少了5%，但是达沃斯的滑雪人次和收入不受影响。相关预测显示，到2050 年，瑞士雪场因受气候影响，其每年的支出费用在 14 亿美元到19 亿美元之间，滑雪旅游作为瑞士的支柱产业，其未来的这一发展趋势已引起业内人士的注意，大量研究者和相关专家持续关注气候变化情况③。Scott 等指出，以每年平均气温升高 2 摄氏度来测算，瑞士因气候变化导致的经济损失范围为 19 亿—24.5 亿法郎。据统计，2007—2008 年雪季，瑞士 80% 的滑雪场遭遇了滑雪人流遇冷的情况，并且过夜住宿人数也随之减少④。Dawson 在文章中指出，对自然环境重度依赖的滑雪旅游产业最易受气候环境变化的影响。随着全球变暖形势的恶化，低海拔地区的滑雪场需要不断增加投资来为未来开路，在政府严格控制滑雪场贷款金额的大环境下，中小型滑雪场面临生存危机。为此，针对不盈利滑雪场的保留问题，业界代表众说纷纭，其中，一部分人认为应该支持政府关掉不盈利滑雪场的举

① Elsasser H, Bürki R. Climate change as a threat to tourism in the Alps[J]. Climate Research，2002(3):253-257.

② Roux-Fouillet P, Wipf S, Rixen C. Long-term impacts of ski piste management on alpine vegetation and soils[J]. Journal of Applied Ecology，2011(4):906-915.

③ Unbehaun W, Pröbstl U, Haider W. Trends in winter sport tourism: Challenges for the future[J]. Tourism Review，2008(1):36-47.

④ Scott D, McBoyle G, Minogue A. Climate change and Quebec's ski industry[J]. Global Environmental Change，2007(2):181-190.

措,并将其视为产业健康发展过程中市场缩水的常态,而另一部分人则认为小型市场的存在是发展当地经济的重要途径,应该加以扶持①。

(二)美洲地区滑雪目的地的相关研究

Scott 等指出,美国是世界第二大滑雪市场。在 2010—2011 年雪季,美国滑雪人次总计为 6050 万,仅次于欧洲阿尔卑斯地区,其中,西部地区滑雪场滑雪人次高达 3310 万,而该地区的落基山脉区域的滑雪人次为 2090 万,西部太平洋地区为 1210 万。根据美国国家滑雪协会(National Ski Areas Association,简称 NSAA)的统计,在 2010—2011 年雪季,滑雪场的平均纯利润为 2570 万美元,落基山脉区域和西部太平洋区域的纯利润分别为 3910 万美元和 2230 万美元,而两个区域的总收入分别为 38 亿美元和 17 亿美元②。Hennessey 和 Morgan 提到,科罗拉多州位于美国的中央平原地区,周边分布着 54 座海拔约为 4200 米的高峰。依托优越的自然条件,科罗拉多州被视为世界级集冒险、娱乐于一体的休闲度假胜地③。Hennessey 指出,据统计,2010 年科罗拉多州的住宿人次高达 2890 万,其中 6% 的过夜者为滑雪旅游爱好者,相对于美国国家统计的 1% 这个数字,科罗拉多州因滑雪而产生的住宿接待量远远超过国家水平④。McGrady 等指出,在科罗拉多州滑雪旅游平稳发展的过程中,不得不提及诞生于 1962 年的 NSAA,其主要任务在于研究美国

---

① Dawson J. Managing for climate change in the alpine ski sector[J]. Tourism Management, 2013(35):244-254.

② Scott D, Hall M, Gossling S. International tourism and climate change[J]. WIREs Climate Change, 2012(3):213-232.

③ Hennessey T, Morgan S J. Helmet availability at skiing and snowboarding rental shops — A survey of Colorado ski resort rental practices[J]. American Journal of Preventive Medicine, 2002(22):110-119.

④ Hennessey T. Colorado powder keg: Ski resorts and the environmental movement[J]. Pacific Historical Review, 2014(83):549-550.

滑雪产业的发展,并为滑雪场及相关运营商提供行业信息。NSAA代表着美国的 321 座滑雪场,这些滑雪场的滑雪人次总和占美国滑雪总人次的 90%,根据分布区域的不同,NSAA 将美国的滑雪产业划分为五个大区:东北区域、东南区域、西部中央区域、落基山脉区域和西部太平洋区域①。Scott 等指出,一些气候变化情报显示,到 2070—2099 年,能滑雪(至少有 50 天的滑雪时间)的地区将会很少,他们在分析气候变化对滑雪场的影响过程时指出,气候变化对滑雪场的影响因海拔、滑雪场的商业模式等的不同而异,拥有丰富项目和多元化业态的度假区的受影响程度要低于运营项目单一的滑雪场②。Lee 和 Kim 指出,在魁北克,滑雪运动项目参与人数占总人数的 18%,该地区的滑雪产业较为发达,此外,他们还运用双钻石模型分析了不同因素对滑雪产业竞争力的影响③。Scott 和 McBoyle 指出,为抵御气候变化给滑雪场带来的消极影响,依赖人工造雪不是长久之策,从长远来看,应通过降低水费和税负、完善津贴体系等方式充分发挥政府的宏观调控作用④。Lackner 等指出,在美国,科罗拉多州因支撑着美国巨大的滑雪产业而被视为滑雪胜地。科罗拉多州分布着 25 个大型滑雪度假区,滑雪面积多达 42116 公顷,索道缆车数量为 323 条,雪道数量为 2427 条,根据数据统计,2013—2014 年雪季,科罗拉多州的滑雪人次高达 1260 万,巨大的滑雪客流带动了当地经济的发展,作为科罗拉多州的主要滑雪旅游城市,萨米特、皮

① McGrady P, Golicic S L, Cottrell S P. Diffusion of corporate sustainability in the ski industry[J]. International Journal of Innovation and Sustainable Development, 2022(16):512-537.

② Scott D, Dawson J, Jones B. Climate change vulnerability of the US Northeast winter recreation — Tourism sector[J]. Mitigation and Adaptation Strategies for Global Change, 2011 (5):577-596.

③ Lee A R, Kim J Y. Regional competitiveness of competitiveness analysis of ski resort in Quebec: A generalized double diamond approach[J]. Geographical Research, 2014(4):27-38.

④ Scott D, McBoyle G. Climate change adaptation in the ski industry[J]. Adaptation Strategies to Global Change, 2007(12):1411-1431.

特金、鹰城、冈尼森、博尔德、鲁特、梅瑟、拉普拉塔、圣胡安、加菲尔德、圣米格尔等成为滑雪消费者的"天堂"[1]。Pickering 等指出,20世纪中叶,每年的世界滑雪产业产值高达 90 亿美元。2000 年,澳大利亚滑雪产业产值估计为 9400 万美元。2002 年,西欧的滑雪产业产值超过 30 亿美元,日本滑雪产业产值为 14 亿美元。2003 年,美国的滑雪产业产值为 30 亿美元,加拿大的滑雪产业产值为 6.8 亿美元[2]。Gill 等指出,随着各地滑雪场向多季运营方向转变,环境破坏等一系列不良的影响也随之产生,对森林、土壤、水资源、野生动物等方面的消极影响,以及相关能源的损耗问题再一次对滑雪场的可持续发展提出了挑战[3]。Knowles 等认为,滑雪场的管理者与利益相关者之间建立合作关系是滑雪场运营成功的关键,这种合作关系的建立不仅有利于滑雪场的不同利益主体,同时也有利于提高当地居民的生活水平[4]。François 等指出,相关事实显示滑雪爱好者在滑雪场的消费产品不仅仅局限在滑雪,餐饮、住宿、租赁以及相关的娱乐休闲产品也越来越多地成为消费者青睐的对象,比如滑冰、雪橇、狗拉雪橇以及直升机滑雪等。这种发展趋势要求不断扩大滑雪供给,通过创新产品和服务的方式满足游客不断变化的需求[5]。

从国外滑雪目的地的相关研究可以看出,欧美国家滑雪产业发

———————

[1]　Lackner C P, Geerts B, Wang Y. Impact of global warming on snow in ski areas: A case study using a regional climate simulation over the interior western united states[D]. Wyoming: University of Wyoming, 2020.

[2]　Pickering C M, Castley J G, Burtt M. Skiing less often in a warmer world: Attitudes of tourists to climate change in an Australian ski resort[J]. Geographical Research, 2010(48):137-147.

[3]　Gill A, Gill A, Hartman R. Issues and problems of community development in Whistler, British Columbia[J]. Mountain Resort Development, 1991(34):27-31.

[4]　Knowles N, Scott D, Steiger R. Sustainability of snowmaking as climate change(mal) adaptation: An assessment of water, energy, and emissions in Canada's ski industry[J]. Current Issues in Tourism, 2024(27):1613-1630.

[5]　François H, Samacoïts R, Bird D N, et al. Climate change exacerbates snow-water-energy challenges for European ski tourism[J]. Nature Climate Change, 2023(13):935-942.

展已进入成熟阶段,成熟的行业发展产生了大量具有说服力的行业数据,这为从事相关理论研究的专家学者提供了重要的科学依据和实证支撑,这也是国外研究多为定量分析的原因。随着滑雪目的地与其他相关产业的融合与渗透,从环境、气候、经济等多学科视角分析滑雪目的地成为研究的主流,特别是在全球气候变暖的大环境下,滑雪作为对环境气候有着重度依赖的产业,大量专家学者致力于相关研究,希望将气候变化对产业的消极影响降至最低。在欧美滑雪市场增速放缓的大背景下,大量理论研究者通过收集数据,建立量化模型,就如何提高滑雪产业的市场竞争力展开相关研究。显然,国外针对滑雪目的地的相关理论研究与现实发展较为一致,成熟的滑雪市场也催生了大量相关理论研究,这种理论与实践相辅相成的模式将推动整个行业的发展。

三、国内外研究现状小结

国外滑雪市场已步入成熟阶段,因此国外关于该领域的理论研究更趋成熟、深入和多元化。从国外相关研究陈列的内容可以看出,滑雪的内涵已经超越运动属性,兼具旅游、休闲、度假的功能。此外,滑雪目的地的相关研究多采用数据统计和定量分析的方法。特别是面对气候变化给滑雪产业带来的消极影响,理论研究者结合实际,从地理学、环境学以及气候学等自然学科出发,融合多学科、多领域,延伸研究边界,深化研究内容,为滑雪目的地的可持续发展建言献策。对比国外成熟的理论研究,我国滑雪目的地竞争力的相关研究因现实发展的滞后而尚处初级阶段。以"滑雪目的地竞争力"为关键词查找知网期刊,一共找到 8 篇文章;以"滑雪目的地"为关键词检索到的期刊文章数量为 21 篇;以"滑雪竞争力"为关键词检索到的期刊文章数量为 25 篇;以"京津冀滑雪"为关键词检索到的相关文章数量为53 篇;最后输入关键词"京津冀滑雪目的地竞争力"进行检索,检索到的相关文章数量为1篇。由此可见,对中国滑雪目的地的理论研究无论在广度还是深度上都远远滞后于国外的理论研究。从本书所列出的文献可以看出,我国滑雪目的地竞争力的相关研究较为空洞,多以定性分析为主,采用定量分析的研究数量较少,这与当前我国滑雪市场相关数据统计缺失不无关联。从研究的广度来看,我国滑雪目的地的相关研究范畴较为单一,以运动和旅游双重属性为主,基于地理、环境以及气象等其他学科进行的交叉研究尚不足;从研究的深度来看,一些研究的描述止于现象,缺乏深度探索,且多浮于表象分析,宏观介绍居多,深入探索较少,结合经济学、管理学等领域的经典理论进行的研究并不多。

基于此,笔者将充分吸收已有的研究成果,以京津冀区域为研究范畴,以滑雪目的地为研究对象,从竞争力视角出发,结合比较优势理论和竞争优势理论,运用文献资料法、实地调研法、专家访谈法、德尔菲法以及实证分析法等,对京津冀滑雪目的地展开定性和定量分析,旨在分析京津冀区域滑雪目的地的竞争优势和劣势,为大众从宏观到微观了解京津冀滑雪目的地的竞争力现状提供参考,并为政府、企业采取相关措施提高京津冀滑雪目的地竞争力提供现实依据。

第三节　研究设计

一、研究方法

(一)文献资料法

通过阅读国内外相关书籍、期刊、网站资料等方式检索和收集与滑雪目的地有关的文献资料,在详细阅读与整理各类文献资料的基础上,根据本研究的需要,笔者对滑雪目的地、滑雪目的地竞争力以及京津冀滑雪市场等方面已有的研究进行了文献梳理。通过剖析已有的研究成果，找出以往研究中存在的不足，为本书明确了研究方向并奠定了基础。这些文献丰富了本书的研究材料，帮助笔者拓宽了研究思路，为本书的深入研究提供了丰富的理论指导和实证支撑。

(二)专家访谈法

为系统掌握京津冀及其他 28 个目的地滑雪市场发展的全貌，深入了解后奥运时期京津冀滑雪旅游发展的理论和实践问题，笔者就京津冀滑雪旅游、竞争力理论、东北滑雪市场、新疆滑雪产业、冬奥遗产治理、滑雪场馆运营、后奥运滑雪场馆智慧化转型升级等问题采访了多位来自政界、学界、业界的从事滑雪运动管理、滑雪产业研究、奥运遗产管理、一线滑雪场馆运营、人工智能等领域的专家、学者、从业人员。

(三)实地调研法

为了解京津冀及其他 28 个目的地滑雪市场发展的全貌，深入了解后奥运时期京津冀滑雪旅游发展的理论和实践问题，笔者走访调研了京津冀、东三省、新疆等地区的一批滑雪目的地、冰雪旅游景区、冰雪相关研究机构和院校、滑雪度假区、冬奥竞赛场馆、科技公司等，如新疆的将军山滑雪场，崇礼的富龙、万龙、太舞滑雪场，北京石景山的首钢滑雪大跳台，吉林万科松花湖滑雪场，北京水立方(冬奥会冰壶场馆)、国家速滑馆(冰立方)、延庆赛区(冬奥村等)，哈尔滨的冰雪大世界、太阳岛(雪雕)，杭州大明山滑雪场，北京体育大学冰上运动中心，北京师范大学沈阳附属学校(校园冰雪运动特色学校)，中国旅游研究院(文化和旅游部数据中心)，四川海螺沟冰川博物馆，呼伦贝尔牙克石凤冠滑雪场，北京乔波室内滑雪场，杭州 HOPOSNOW 城市滑雪空间，杭州市体育局，杭州市滑雪运动协会，深大智能科技有限公司,北京冰锋科技有限责任公司,北京雪族科技有限公司,金飞鹰科技发展有限公司,北京雪邦雪业企业管理有限公司等。通过实地调研进一步深化了个人对不同目的地滑雪产业发展实践的了解。

(四)德尔菲法

德尔菲法也称专家预测法,它是以匿名方式,通过多轮函询专家对所研究问题的意见,将他们回答的意见进行综合、整理归纳后再匿名反馈给专家,再次征求意见后加以综合、反馈,由组织者对最终意见进行汇总,从而得出较为一致的专家预测意见的方法。为此,本研究通过通读国内外的相关文献,汇集已有的研究成果,以钻石模型为理论依据,初步构建了包含 5 个一级指标、26 个二级指标的评价指标体系,其中,一级指标包括生产要素、需求要素、相关支持要素、企业竞争要素、政府和机会要素,二级指标包括滑雪场总数、森林覆盖率等。在拟定了第一轮专家问卷调查表后,邀请业内专家判断指标的重要性并提出相关建议。本研究的问卷设计采用李克特五等级量表模式,请专家对每一个指标的重要性进行评价,按照不重要、不太重要、一般、比较重要、非常重要 5 个等级,分别赋值为 1、2、3、4、5。

本次问卷调查选择了 8 名学术界的专家以及滑雪业内知名人士作为调查对象,共发放两轮问卷。第一轮,就初步设定的相关指标邀请专家进行判断,并做出筛选。发放问卷后,笔者共收回 8 份问卷,对回收问卷的结果进行归纳整理,通过汇总计算各个指标的重要性均值来判断是否进行下一步,只有指标重要性的均值大于 3,该指标才能进入第二轮,并以此作为第二轮推进的依据。将第一轮的统计结果、专家意见和符合要求的指标反馈给专家,同时制定第二轮专家调查表,以便专家对指标体系重新进行评价。第二轮,发放专家问卷调查表,就归纳整理后的相关指标做出进一步的筛选与最终确认,在经过第二轮专家咨询后,专家意见已基本趋于一致,第二轮专家咨询结果可以采用德尔菲法进行分析。基于此,最终确定评价指标体系。具体可参见附录 B 和附录 C。

（五）实证分析法

本研究从竞争力的视角切入,笔者采用定性和定量相结合的分析方法。笔者一方面根据波特钻石模型的六要素展开定性分析,另一方面参考《2022—2023 中国滑雪产业白皮书》,针对包括京津冀与其他 28 个省份目的地在内的滑雪市场竞争力展开定量分析,通过筛选指标,构建滑雪目的地竞争力指标体系,运用因子分析和聚类统计的方法对京津冀和其他 28 个省份目的地的滑雪市场展开竞争力分析。以该分析获得的与京津冀处于同一竞争力水平的滑雪目的地区域为基准,对与京津冀处于同一竞争力水平的不同区域之间的滑雪场展开竞争力分析,这种从滑雪目的地广义层面和狭义层面的分析,由宏观到微观、步步深入,为探究滑雪目的地竞争力的现实发展提供了实证支撑。

二、研究结构

第一章,绪论。从选题背景和选题目的及意义三个方面阐述了本研究选题的依据。

第二章,文献综述。从滑雪目的地、滑雪目的地竞争力等相关研究方面介绍了国内外的研究现状,同时针对国内外滑雪目的地竞争力的相关研究进行评述,指出本研究与已有研究成果的关系。

第三章,研究设计。首先从研究方法和研究结构两个方面勾勒出本研究的内容主线,然后针对本研究的相关概念进行界定,并针对本研究引用的相关理论进行说明,最后对本研究的重点、难点以及创新点进行概述,充分说明本研究存在的局限与不足。

第四章,研究过程与分析。第一,运用钻石模型六要素,即生产要素、需求条件、相关行业支持要素、企业战略结构、政府以及机会,对京津冀滑雪目的地展开定性分析。此部分以定性分析为基准,针对本研究的定量分析作出说明。第二,对京津冀与全国 28 个目的地的滑雪市场展开实证分析,通过因子分析获得京津冀与全国 28 个目的地滑雪市场的综合得分及排名,并结合聚类分析法,根据全国各省份的地理划分,找到与京津冀处于同一竞争梯队的区域。以获得与京津冀处于同一竞争力水平区域的分析结果为基础,针对京津冀与处于同一竞争区域的不同滑雪场展开竞争力分析。第三,围绕国际上滑雪市场发展较为成熟的欧美和日本等国家和地区进行阐述,并阐明其可借鉴之处。第四,针对分析内容,结合京津冀区域滑雪目的地的发展情况及国外经验,提出提高京津冀滑雪目的地竞争力的发展策略。本书旨在通过提出相应策略,为京津冀滑雪目的地竞争力的提高提供可行建议,助力后冬奥时期京津冀滑雪产业的高质量发展。

第四节　概念界定与理论基础

一、概念界定

(一)滑雪

滑雪在很早之前就已出现,那时的滑雪并非娱乐休闲方式,更多的是作为出行和狩猎的一种方式。《隋书》中记载:"地多积雪,惧陷坑阱,骑木而行。"这一描述深入刻画了生活在嫩江流域的室韦人为克服自然环境的威胁而发明"骑木"作为交通工具的画面①。随着社会的发展,"骑木而行"逐渐从劳动生产和交通工具中剥离出来,转而成为大众娱乐生活的重要组成部分,并与高尔夫、台球、马术等合称为"贵族运动"。现如今,滑雪已经发展成为一项兼具运动和旅游双重属性,能够满足大众健身休闲、旅游度假等需求的活动。

(二)滑雪目的地

滑雪目的地作为滑雪产品和服务的生产地与滑雪活动的发生地,是承载滑雪运动消费、滑雪旅游休闲、滑雪竞技训练的基础单元,也是研究滑雪市场发展的最佳落脚点。一般意义上,滑雪目的地即为滑雪者提供滑雪场开展滑雪活动及提供相关产品和服务的集中地,涵盖其所处地域内的不同参与主体,具有一定的区域指向性。由此可见,滑雪目的地作为一个囊括多元化参与主体的综合性概念,涉及目的地经济、政治、文化、环境等不同要素,是不同事物的集合体。

基于此,本研究对于滑雪目的地的概念界定如下:滑雪目的地是以冰雪资源为依托形成的,以滑雪场所为核心、以滑雪运动为吸引物,集基础设施及地区内相关历史、风俗民情、自然、经济等要素于一体,为滑雪爱好者及相关消费者提供产品和服务的生态综合体。从广义上来看,滑雪目的地指向的是一定区域;从狭义上来看,滑雪目的地是指具体的滑雪场。

滑雪吸引物是指以滑雪场为核心的各类吸引物,这是滑雪目的地系统的子系统之一。基础设施包含两种:一种是目的地中除吸引物以外的与滑雪消费者联系最为密切的要素,如满足吃、住、行、娱、游、购等诉求的设施、产品和服务;另一种则是与地区居民共享的要素,如交通、通信、水电等。相关环境子系统则是滑雪目的地发展的

---

① 刘花香,贾志强,刘仁辉.中国冰雪运动文化的流变与当代建构[J].体育文化导刊,2017(12):13-17.

外部条件,包括滑雪目的地的政治环境、经济环境、社会环境、科技环境等。由此可见,滑雪目的地是各要素相互作用形成的有机系统。根据中国滑雪目的地不同的体量规模,可以分为以下三种类型:度假型滑雪目的地、城郊型滑雪目的地以及体验型滑雪目的地。而根据国内滑雪目的地资源分布的不同,则可以分为资源指向型滑雪目的地、市场指向型滑雪目的地以及混合型滑雪目的地①。以冰雪资源为依托的滑雪目的地在很大程度上属于资源指向型的类别,资源禀赋的好坏直接影响滑雪目的地的竞争力。然而,随着科学技术发展的日新月异,资源禀赋仅仅是决定目的地竞争力强弱的必要不充分条件,决定滑雪目的地竞争力强弱的因素不仅有资源禀赋的充裕程度,还有对资源的配置和利用效率。

(三)竞争力

"竞争力"作为滑雪目的地竞争力研究的重点名词,对其准确而深刻的理解是开展研究的基本前提。20 世纪 70 年代,国外对竞争力展开了集中的研究,而我国有关竞争力的研究始于 20 世纪 90 年代末。在国际上,对竞争力内涵的理解主要来自 WEF(世界经济论坛)和 IMD(国际管理开发学院),前者更关注未来的竞争能力,而后者则更强调现实的竞争力。

由表 1-4 所展示的内容可以看出,对于竞争力的理解,不同研究领域的学者有着不同的意见,但概念的定义始终都在强调竞争力是作为一种经济能力而存在的,包括提高市场占有率、提升获利能力、提供优质产品等。在理解已有定义的基础上,结合本研究的实际情况,笔者将竞争力的概念界定为不同主体之间在较量过程中所呈现出来的综合优势。

---

① 任桐. 冰雪旅游目的地引力模式的理论与实证研究——以吉林市为例[D]. 长春:东北师范大学,2012.

表 1-4 各种竞争力概念的界定表述

序号	概念界定表述
1	竞争力就是厂商长期的获利能力①
2	为共同市场而劳作的独立生产者之间的关系叫作竞争②
3	竞争系个人(或集团)间的角逐③
4	竞争力是国家或地区创造附加值的一种能力④
5	通过概括出竞争主体、对象与结果三要素来对竞争进行定义⑤
6	在上述定义的基础上,提出竞争四要素,即竞争主体、竞争对象、竞争结果和竞争能力⑥

(四)滑雪目的地竞争力

滑雪目的地竞争力是滑雪目的地与竞争力两个概念叠加形成的新产物,结合滑雪目的地的概念界定与竞争力的含义,即滑雪场资源核心物、相关基础设施以及相关环境要素构成的生态系统,其最直接的目标是满足滑雪爱好者以及相关消费者的需求,通过为其提供满意的滑雪体验与经历来实现滑雪目的地的经济效益。为此,滑雪目的地的竞争力可以概括为不同区域或者不同滑雪场在滑雪场地资源核心要素、相关基础设施以及环境要素等方面呈现出的优于其他区域或滑雪场的综合优势。

二、理论基础

(一)比较优势理论

比较优势理论最早起源于亚当·斯密(Adam Smith)的绝对优

---

① 谢运朝. 中国汽车零部件出口竞争力分析[D].上海:复旦大学,2010.
② 俞健业. 文化创意视角下的番禺珠宝产业竞争力研究[D].广州:中山大学,2010.
③ 商业基础知识编写组. 商业基础知识[M].北京:中国财政经济出版社,1981.
④ 章海山. 企业竞争伦理机制的探析[J].中山大学学报(社会科学版),2001(2):1-7.
⑤ 张金昌. 国际竞争力评价的理论和方法研究[D].北京:中国社会科学院研究生院,2001.
⑥ 王兴凯,孙学敏. 企业竞争力概念的演化与发展[J].华北水利水电学院学报(社科版),2007(3):58-60.

势理论,并在大卫·李嘉图(David Ricardo)的比较成本理论与赫克歇尔(Heckscher)和奥林(Ohlin)的禀赋要素理论逐步发展与完善的过程中形成,是古典经济学的经典理论之一。

18世纪的古典经济学家亚当·斯密提出的绝对优势理论所强调的是,不同国家依据资源禀赋和绝对优势条件进行生产要素的分工和交换,通过促进各类资源的流通来提高劳动生产率和增加社会财富。然而围绕"没有任何生产优势的国家如何在贸易中参与竞争"这一假设,大卫·李嘉图对亚当·斯密的绝对优势理论进行了完善,提出没有生产优势或优势较小的国家在贸易过程中可以通过专门生产成本较低的产品来换取自己生产所需要的成本较高的产品,从而获取利润。换言之,比较成本理论是指国家通过生产较高生产率的商品并以此交换本国较低生产率的商品来发展和提高自己的竞争力。比较成本理论弥补了绝对优势理论的缺陷。

随着科学技术的发展,比较成本理论对生产水平和资源禀赋相近国家产生贸易行为的解释力度逐渐减弱,对此赫克歇尔和奥林提出要素禀赋理论对其进行补充。要素禀赋理论认为,在国家具有相同或相近的技术条件下,要素禀赋的不同决定着贸易行为的流向,诸如劳动力、资本、自然资源等生产要素的差异及生产要素投入种类与比例的差异均会形成产品的要素优势,影响国家间的贸易流向。美国经济学家雷蒙德·弗农(Raymond Vernon)将产业发展变化的时序考虑在内,提出了产品生命周期理论(PLC),其认为产品生命周期可划分为四个阶段:起步期、成长期、成熟期和衰退期。产业会利用生产要素在不同的发展阶段所产生的优势差异来提高竞争优势,推动自身发展。

比较优势理论在社会发展的驱动与诸多学者的共同努力下逐步走向完善。比较优势作为一种潜在的优势,不仅取决于自然、人力、气候等基本要素,还依赖于知识、技术、管理等高级要素的配合。为此,根据这一理论,在现实的经济发展过程中,不同国家和地区应该遵循"两利相权取其重,两弊相权取其轻"的原则,企业应根据自身的比较优势选择产业定位并进行专业化生产,形成企业优势产品,扩大自身的比较优势。对于本地区具有比较优势的产品,应该增加产量,实现"走出去",而对于本地区不具有比较优势的产品应该将其"引进来",以此实现资源的优化配置,从而获得双边利益,实现共赢(见图1-5)。

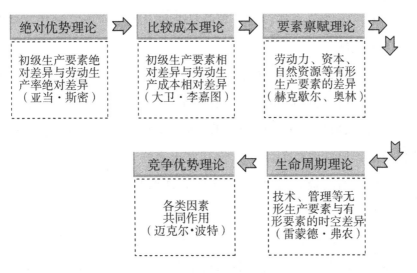

图 1-5 优势理论的发展历程

滑雪目的地的资源禀赋包括冰雪资源、山形地貌、气候等初级要素和人力资源、知识、资本等高级要素,不同地区拥有的资源禀赋的差异将影响滑雪目的地未来的发展方向。由此可见,以资源要素禀赋为研究对象的比较优势理论与不同区域滑雪目的地竞争力研究有着一定程度上的一致性,用比较优势理论来剖析不同区域滑雪目的地的竞争力,有利于促使滑雪目的地充分发挥资源优势来形成具有竞争力的新业态。

(二)竞争优势理论

20世纪90年代,在比较优势理论的基础上,迈克尔·波特(Michael Porter)提出了具有划时代意义的竞争优势理论,即钻石模型理论。其认为产业竞争优势主要来自生产要素,需求条件,相关和支持性产业,企业战略、结构和竞争四个主体要素以及机遇、政府两个辅助性要素。

第一,生产要素。波特认为生产要素可以分为自然资源、地理位置、气候等初级要素和知识、科研、资本、管理等高级要素。然而,随着全球贸易往来的日益频繁,初级要素的市场竞争力逐渐减弱,而高级要素的市场竞争力在日新月异的科学技术创新发展的衬托下越发显得不可或缺。

第二,需求条件。市场需求规模和需求结构与竞争力有着密切的关系,大规模的市场需求通常有利于厂家或者供应商进一步扩大市场供给,从数量上满足市场需求。同时,多样化的市场需求通常迫使供应主体通过改革创新的方式开发出多样化、高品质的产品以满足不同层次的消费需求,特别是挑剔型的消费者,这类群体是鞭策企业创新改革的动力。

第三,相关和支持性产业。与主体产业有着较强关联的产业能为主体产业的发展提供便利的原料来源和高效率的团队协作,通过融合与渗透的作用延长产业链条,促进主体产业竞争力的提升。

第四,企业战略、结构和竞争。国家竞争力依赖于产业竞争力,而产业竞争力则取决于企业竞争力,因此企业是分析产业竞争力的基础单元。企业采取不同的发展战略会对其竞争力产生不同的影响,不论是形成战略联盟还是单打独斗,或者采取垄断形式的竞争方式,均会形成不同的产业竞争力。

第五,机遇。一些突发事件的发生、外交的变动、重大的发明等都会对产业竞争力发展产生影响。

第六,政府。政府作为宏观环境的调控者、政策法规的颁布者,会对形成产业竞争力的大环境产生影响(见图 1-6)。

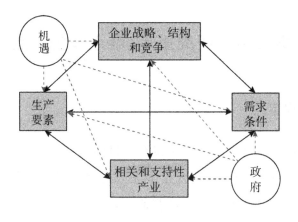

图 1-6 钻石模型

由此可见,钻石模型理论是一个动态的系统,任何一个要素的变化都会对其他要素产生直接或间接的影响,作为形成国家或者产业竞争力的六大要素,其相互作用共同决定了产业竞争力的强弱。相对于比较优势理论,波特认为:从产业竞争维度来分析,竞争优势占据主导地位;从国际分工视角来看,比较优势具有主导作用。比较优势是一种潜在竞争力,而竞争优势则是一种通过发挥不同生产要素的综合作用而产生的现实竞争力,即比较优势是通过竞争优势显现出来的。在产业的现实发展过程中,要实现一个国家或者一个地区的产业竞争力必须将比较优势和竞争优势相结合,发挥 1+1>2 的合力作用。

由此可见,竞争优势强调的是通过创新促使资源增值从而获得产业发展。一个资源充裕的滑雪目的地的竞争力或许不如资源禀赋不足的地区,这主要是因为后者通过创新的方式,充分利用有效资源,提高综合实力,由劣转优。因此,面对冰雪资源匮乏以及滑雪活动产生的外部影响,如何通过创新为资源不足区域的滑雪者创造完美的体验与经历以及保护资源是提高滑雪目的地竞争力的关键。

第五节　研究重点、难点和创新点

一、研究重点

第一,运用钻石模型对京津冀滑雪目的地竞争力展开定性分析。钻石模型是国际上公认的研究竞争优势的重要理论。本研究采用波特的钻石模型,从生产要素,需求条件,相关和支持性产业,企业战略、结构和竞争,机遇,政府六个方面对京津冀滑雪目的地展开定性分析,并为后续定量分析指标体系的构建提供参考,同时为大众了解京津冀地区滑雪目的地的相关情况提供文献资料。

第二,京津冀与全国 28 个目的地滑雪市场的竞争力分析。以包括京津冀在内的 31 个省份目的地的滑雪市场为研究对象,通过构建评价指标体系,收集指标数据,运用因子分析和聚类统计法探索得出京津冀滑雪目的地在全国 31 个目的地省份范围内的综合得分及排名,并找到与京津冀滑雪目的地处于同一竞争力水平的区域。

第三,京津冀与处于同一竞争力水平区域的滑雪目的地竞争力分析。以京津冀与全国 28 个目的地省份的滑雪市场竞争力分析结果为参考,获得与京津冀滑雪目的地处于同一竞争力水平的区域,针对同一竞争力水平的不同区域间的滑雪场,构建评价指标体系,收集指标数据,运用因子分析和聚类统计法探索得出京津冀主要滑雪场的综合得分及排名,并分析京津冀滑雪场的竞争优势和劣势,深度剖析京津冀滑雪目的地的现实情况。

二、研究难点

第一,滑雪目的地的概念界定。滑雪目的地是本研究的核心内容,但目前由于我国滑雪产业的现实发展与相关理论研究较为滞后,有关滑雪目的地的概念在学术上尚未形成清晰的定论。统一概念的缺失是本研究继续深入推进的障碍之一，然而考虑到滑雪具有运动、旅游、休闲等多重属性，于是笔者在立足滑雪及目的地本体特征的基础上，尝试结合旅游目的地的概念及属性，对滑雪目的地的概念作出界定，即滑雪目的地是指以冰雪资源为依托形成的以滑雪场地为核心的，以滑雪运动、滑雪休闲为吸引物的，集基础设施建设及地区相关政治、经济、社会、科技等要素于一体的，为滑雪爱好者及相关消费者提供产品和服务的生态综合体。从广义上讲，滑雪目的地是指一个区域，而狭义上是指具体的滑雪场。

第二，滑雪目的地评价指标体系的构建。滑雪目的地作为关联度高、融合性强、联动性高的业态，与其相关的支持产业较为丰富，具有产业链长的特点，因此，构建全面、系统的滑雪目的地竞争力的指标体系尚有一定难度，加之滑雪产业发展目前在中国处于初级阶段，行业相关的权威统计数据较少，这给定量分析过程中的数据收集带来了相当大的困难。这也是当前从定量角度研究滑雪产业的相关内容不多的原因之一。尽管如此，笔者立足自身的经历，尝试在已有研究的基础上，深入实践调研，咨询行业专家，构建滑雪目的地评价指标体系，然而，囿于自身理论和实践积累的局限性，滑雪目的地评价指标体系还有待在后续研究中进一步完善。

三、研究创新点

第一，在研究内容方面，京津冀区域是 2022 年冬奥赛事举办地，有着强劲的后发优势。滑雪目的地作为滑雪产业发展的根基，是窥探整个滑雪产业系统的洞眼。随着不同区域滑雪市场竞争力的增加，滑雪目的地的竞争力成为不同区域竞争的核心内容。当前，中国滑雪产业的实践发展与理论研究虽然取得了重大进步，但是以京津冀为研究范畴，以滑雪目的地为研究内容，从竞争力视角展开研究的理论专著非常少。基于此,笔者在立足已有研究的前提下,结合定性和定量分析,对京津冀滑雪目的地竞争力展开剖析,旨在为进一步丰富滑雪产业的相关理论研究提供新的内容。

第二,在研究方法方面,当前对滑雪产业的相关研究多为定性分析。本研究在已有研究成果的基础上,通过梳理国内外文献资料、深入实践调研、咨询行业专家,采用定性分析和定量分析相结合的方式对京津冀滑雪目的地竞争力展开研究。一方面,运用钻石模型对京津冀滑雪目的地的竞争优势展开定性分析;另一方面,通过构建滑雪目的地竞争力评价指标体系,收集指标的量化数据,运用因子分析和聚类统计法比较京津冀滑雪目的地与主要省份滑雪目的地之间的竞争力大小,分析京津冀滑雪目的地的竞争优势和劣势。这种定性分析和定量分析相结合的方式弥补了定性研究的单一性造成的缺陷。

第二章 京津冀滑雪目的地竞争力的定性分析

第一节 生产要素分析

在波特的钻石模型中,根据生产要素的类型,可将生产要素分为初级要素和高级要素两大类。初级要素包括自然资源、地理位置、气候等;高级要素则包括人力资源、知识、资本、科技,以及集交通、通信于一体的基础设施等。在京津冀地区滑雪目的地的竞争优势中,初级要素与高级要素相辅相成,资源禀赋、气候条件、山形地貌等条件是滑雪目的地得以形成的初级要素,完善的基础设施、先进的科技以及人力、资本等要素的集聚则是滑雪目的地得以持续发展的保障。初级要素与高级要素相伴相生,共同为提升滑雪目的地竞争力发挥作用。基于此,本研究围绕直接影响京津冀滑雪目的地的自然资源要素、人力资源要素以及基础设施要素进行以下分析。

一、自然资源要素

滑雪目的地建设对自然资源有着重度依赖。当一国或地区缺乏冰雪资源,或拥有的冰雪资源存量过少时,该国或地区则很难有机会参与由冰雪资源形成的滑雪产业细分市场的竞争。适合开发滑雪场的山形地貌、区域水资源、冬季气温条件、森林覆盖率等均为滑雪场开发建设前需要重点考量的因素。京津冀地区地处北纬40度附近，与世界大型滑雪场集中地带位于同一纬度，加之地处华北平原与黄土高原的交界地带，较高的纬度与二、三级阶梯交界的特点赋予了该区域开发滑雪场的气候条件与地势。受山形地势影响，京津冀地貌呈现出西北高、东南低的特征，天津及河北南部区域均以平原为主。位于区域西北角上的张家口地区，山脉多呈东北—西南走向，当来自西北方向的冷空气与来自东南方向的暖湿气流遇到地势较高的山脉时，通过地形的抬升，容易产生较多的降水量，特殊的地理位置和下垫面性质的共同作用促使该地区形成了降水量大、风力小、温度适宜的独特小气候，该地区被公认为是滑雪场建设的绝佳之地。在这一条件影响下，河北张家口地区的雪季通常要长于北京和天津以及河北的南部地区。除此之外，区域的水资源较为匮乏，2022年各省份的水资源公报显示，北京的水资源人均占有量为109立方米，天津的为100立方米，河北的为149.85立方米，这一数字远远低于联合国提出的人均500立方米的国际极度缺水标准。而水资源是人工造雪的物料来源，对于当前大部分以人工造雪为主的滑雪场而言，水资源条件是保障滑雪场正常运营不可或缺的一环。同样对滑雪场运营有影响的还有当地气温，北京的1月平均气温在-7摄氏度，而天津则在-1.6摄氏度，受气候影响，河北张家口的冬季平均气温低于北京和天津，较低的温度为冬季储雪创造了有利条件。与滑雪场建设用地相辅相成的森林覆盖率通常也是影响雪场选址的条件之一，作为反映区域生态丰富程度的指标，从表中的数据可以看出，北京、天津、河北的森林覆盖率有着不均衡的特点，天津的森林覆盖率低于我国的平均水平（12%）。结合表2-1可以看出，京津冀地区自然条件优势不明显，在某种程度上甚至落后于我国东北以及新疆地区。

表 2-1　不同地区自然资源相关指标情况一览

地区	初雪期	末雪期	雪期/天	积雪深度/米	1月平均气温/℃	平均降水量/毫米	人均水资源量/立方米	森林覆盖率/%
北京	12月初	2月中旬	86	0.3	−7.0	530	109.00	44.90
河北	11月下旬	3月中旬	135	0.4	−9.0	440	149.85	35.60
天津	12月中旬	3月初	78	0.2	−1.6	600	100.00	13.07
张家口	11月上旬	4月初	150	0.8	−15.0	690	399.00	50.00
吉林	10月下旬	4月下旬	150	1.0	−17.1	650	1568.00	45.04
黑龙江	10月下旬	4月上旬	155	1.0	−18.1	470	4017.54	47.30
新疆	10月上旬	5月初	170	1.3	−12.0	300	3473.45	5.02

二、人力资源要素

滑雪目的地从广义上来讲，是指一个区域；从狭义上来讲，是指滑雪场。作为为滑雪消费者提供滑雪及相关服务的地区或者场所，滑雪目的地涉及的行业较为多元，这一属性决定了滑雪目的地对人才的需求类别也趋向多个层次，总体可以概括为核心人才、支撑性人才、相关人才。核心人才包括滑雪场的目的地建设规划人才、经营管理人员，造雪、索道器械维护等技术骨干人员，等等；支撑性人才包括滑雪教辅人员、竞赛组织人员、装备制造养护人员、运动康复人员等；相关人才包括滑雪科研人员、法律咨询人员、医疗保险人员、翻译人员、接待服务人员等。纵览京津冀滑雪区域，大型滑雪场主要分布在崇礼地区，北京、天津以及河北的其他地区多以中小型滑雪场为主。环渤海地带依托首都的区位优势和北京冬奥会的成功举办，吸引了大量来自国外成熟市场的滑雪行业专家，如太舞、云顶、多乐美地、翠云山等滑雪场都曾聘请国外专家进驻滑雪场负责项目运营管理。为促进国际化与本土化相结合，进一步提高滑雪场的运营效率，很多滑雪场还聘请了东北老牌滑雪场具有丰富实践经验的管理者，这种中西结合的方式不仅有利于帮助滑雪场实现发展,东西方滑雪人才的集聚还进一步夯实了京津冀区域的滑雪人才基础;此外,京津冀区域拥有众多科研机构、高等院校,集聚了大量复合型人才。在 2022 年北京冬奥会举办之前,为做好冬奥赛事服务工作,培养冰雪运动人才,清华大学设立冬奥赛事管理专业,北京体育大学成立冰雪运动学院和冰雪产业方向班,首都体育学院增设冰雪运动专业方向,河北体育学院成立冰雪运动系,这些高等院校在新时代主动承担起了培养和输送滑雪服务型人才的重任。除此之外,京津冀区域的行业协会也纷纷携手社会力量加强人才培养,如截至 2020 年底,河北省冰雪(轮滑)运动协会达 216 个,其中,省级协会 1 个,市级协会 25 个,县级协会 190 个,培养冰雪项目社会体育指导员 2 万名①。由此可见,在国内外成熟市场滑雪人才纷纷涌向冬奥赛事承办地的同时,当地政府、院校、协会以及社会组织等主体也在积极出谋划策,通过形成合力为铸就京津冀滑雪人才聚集地贡献力量。

三、基础设施分析

滑雪目的地的基础设施分为一般基础设施和专业基础设施。首先,一般基础设施包含道路交通、通信网络、环保等多个子系统,它们各成体系又紧密配合,共同保障区域系统的正常运行。环渤海地区作为驱动中国经济发展的第三增长极,现阶段,在政府和社会的通力合作之下,其中的京津冀地区已经形成了集铁路、公路、航空等多个枢纽于一体的立体型交通体系,作为我国交通网络最密集、硬件基础设施最好的区域,截至 2022 年底,京津冀地区营运性铁路总里程达 10848 千米,北京至六个毗邻区域全部实现 1 小时内通达,与 300 千

---

① 县县都有滑冰馆！河北省冰雪场馆数量位居全国首位[EB/OL]. (2020-12-28)[2024-07-01]. https://baijiahao.baidu.com/s?id=1687291404779960029.

米范围内的主要中心城市"津石保唐"实现了高铁5小时快速联系。高速公路总里程为10585.5千米,38条公交线路实现跨省常态化运营①。已建成并投入使用的延崇高速以及京张铁路大大缩短了北京到崇礼的时间距离,加之已开通从张家口到石家庄、上海、深圳、沈阳、哈尔滨等地的航线,快速、便捷、高效、安全、大容量的综合交通网络有利于推动区域滑雪目的地相关要素的流动,不仅为人们参与滑雪运动提供了方便,也为赛事运营、会展等相关专业市场的建立奠定了良好的基础②。《京津冀蓝皮书:京津冀高质量发展报告(2022)——数字经济助推区域协同发展》中提到,京津冀城市群数字服务业在营企业注册资本居东部三大城市群首位,在营资本约2.4万亿元,高于长三角城市群的19957.03亿元和珠三角城市群的18372.81亿元。移动宽带网络已在京津冀区域内实现全面覆盖,发达的网络通信对与滑雪目的地相关的信息资讯传播起着重要的媒介作用。在大力推动京津冀区域基础设施建设的过程中,脆弱的生态短板尽显眼底,京津冀区域水资源紧缺、土地资源后备不足的约束十分明显,京津冀地处我国北方农牧交错带前缘,主体为半湿润大陆性季风气候,为典型的生态过渡区,其生态压力已临近或超过生态系统承受的阈值。这一系列条件限制了京津冀区域滑雪目的地的布局。

一般基础设施是区域滑雪目的地发展的基本保障,专业基础设施则是承载区域滑雪目的地发展的平台与基石。从表2-2中可以看出,京津冀区域专业基础设施的分布极不均衡,天津的专业基础设施建设显然落后于北京与河北。在雪场数量和规模上,河北独占鳌头,在集聚了一批大型滑雪场的同时,还有大量小型滑雪场。从拥有架空索道滑雪场的数量来看,北京接近一半的滑雪场有架空索道,这一

① 数说京津冀协同发展九年:铁路总里程达10848公里[EB/OL]. (2023-02-21)[2024-07-01]. https://news.bjd.com.cn/2023/02/22/10344838.shtml.

② 邵奇. 京津冀地区体育服务产业集群化发展研究[D]. 西安:陕西师范大学,2016.

比例要高于河北与天津地区。架空索道作为滑雪场的提升设备，是滑雪场规模大小的外在表征之一。调研显示，京津冀区域滑雪场的分类界限明显，以万龙为龙头的大型滑雪场基本配套有完善的餐饮、住宿、休闲娱乐等项目，以南山为主的北京周边的中型滑雪场则主打近郊一日滑雪的休闲活动，配备了满足基本需求的食宿设施，而其他的多为娱乐体验型的小型滑雪场，且大都坐落在公园及景区内，主要为景区提供配套服务。近年来，在 2022 年北京冬奥会以及"带动三亿人参与冰雪运动"的影响下，京津冀作为赛事承办地区，其基础设施的建设得到了极大的改善。

表 2-2　2022 年京津冀地区滑雪目的地专业基础设施情况

区域	滑雪场数量/家	有架空索道的滑雪场数量	垂直落差大于 300 米的滑雪场数量	面积大于 100 公顷的滑雪场数量
北京	14	30	1	0
天津	11	1	0	0
河北	63	61	8	3
合计	88	92	9	3
全国	697	323	34	13
占比/%	12.6	28.5	26.5	23.0

注：表中数据来自《2022—2023 中国滑雪产业白皮书》。

第二节　需求条件分析

在钻石模型中，需求条件主要指国内市场的需求情况。庞大的需求是拉动产业发展的动力，而需求的变动会引起产业结构的相应变动，在一般情况下，苛刻的市场需求条件将迫使企业生产高质量的产品，提供高品质的服务，进而促使企业成为市场最具竞争力的企业之一。为此，以下将从需求规模和需求结构两个方面进行分析。前者能够反映需求在量上的变化趋势，后者则能够反映市场需求的多样化细分。

一、需求规模分析

20世纪90年代,我国的滑雪场数量不超过10家,滑雪还是极少数人的运动项目,而到了2014年我国滑雪总人次达到1030万,2015年冬奥赛事举办权的获得极大地刺激了国内滑雪市场的需求,这一年参与滑雪运动的人数增长率达21.36%,总量为1250万人。为加快实现"带动三亿人参与冰雪运动"的目标,国家颁布了大量政策,引导社会力量投资滑雪产业,鼓励大众积极参与冰雪运动,在全民参与冰雪运动的热潮中,2016年我国滑雪场数量达646家,滑雪人次达1510万[①],2023年滑雪场数量达697家,滑雪人次达1983万。滑雪人次稳定增长的趋势进一步凸显了我国巨大的滑雪消费需求,而这一趋势在经济发达的环渤海地区则表现得更为明显,具体如表2-3所示。资料显示,2023—2024年雪季,北京累计接待滑雪游客约400万人次,营业收入超4.7亿元,南山滑雪场在普通的周末两天的客流量约达1.3万人次[②]。崇礼作为2022年冬奥赛事承办地,近年来的滑雪人次呈直线上升趋势。2013年崇礼区接待游客157.6万人次;而在北京携手张家口申办冬奥会的2014年,这一数字直接飙升到201.5万人次;2016年则持续增加,接待量达267万人次;在北京冬奥会结束后的2024年,崇礼接待滑雪旅游游客约442.32万人次,实现旅游综合收入52.56亿元[③]。这一增长趋势主要得益于冬奥赛事与场馆设施的建设和完善,以崇礼最具代表性的万龙滑雪

---

① 伍斌,魏庆华.中国滑雪产业白皮书(2017年度报告)[R].北京:国际会议中心,2017.

② 消费火热人气旺——写在2023—2024雪季收官之际[EB/OL].(2024-03-10)[2024-07-01].https://www.sohu.com/a/763201678_121124699.

③ 后冬奥首个完整雪季——河北崇礼接待游客超441万人次[EB/OL].(2024-04-11)[2024-07-01].https://www.sport.gov.cn/n20001280/n20067608/n20067635/c27628429/content.html.

场为例,2015—2016 年雪季的滑雪人次为 13 万,2016—2017 年雪季为 22 万人次,其数量几乎翻了一番,而 2023—2024 年雪季的滑雪人次达 56 万。伴随滑雪人次的逐年递增,市场需求正逐步扩大,环渤海地区作为我国经济第三增长极,集聚了大量具备高消费能力和高品质需求的人,滑雪运动的时尚潮流属性与这一区域消费者的需求特征不谋而合。

表 2-3　近年来主要省份滑雪场、滑雪人次情况一览

省份	滑雪场数量/家			滑雪人次/万		
	2015 年	2016 年	2022 年	2015 年	2016 年	2022 年
北京	23	24	13	169	171	241
天津	12	12	11	40	39	—
河北	40	46	63	85	122	187
黑龙江	120	122	79	149	158	115
吉林	37	38	41	96	118	218
辽宁	31	35	34	65	72	—
新疆	52	57	65	77	99	167

注:数据来源于《中国滑雪产业白皮书》,表中的"—"代表数据不详。

二、需求结构分析

随着市场消费的升级与转型,大众对滑雪目的地产品和服务的供给质量提出了更高的要求。京津冀区域作为早期推动中国滑雪产业发展的中坚力量,经过近 20 年的发展,培养了一批洞悉滑雪行情、深谙滑雪技术的行业精英,这一群体是带动行业发展的"弄潮儿",引领着整个行业未来消费市场的走向。2022 年北京冬奥盛会点燃了京津冀区域滑雪消费的热情,诞生了大量初级滑雪者,为滑雪市场注入了大量新鲜血液,作为滑雪忠实粉丝与新生力量共存的市场,京津冀区域滑雪消费需求结构呈现出明显的差异性。于前者而言,集合优质冰雪资源、多种类雪道以及多样化配套设施于一体的综合度假

型滑雪场通常是其产生市场消费行为的对象，至于后者，由于对滑雪运动整体缺乏系统的了解，因此在选择滑雪场并付诸消费行为的过程中，距离城市较近、满足滑雪运动一般要求的中小型滑雪场会成为其首选。面对消费市场需求结构的差异性，尽管一些企业通过新建和扩建或者丰富产品供给、优化服务质量的方式来提高滑雪场的承载力与市场竞争力，然而由于京津冀区域自然环境状况以及滑雪场的服务质量等要素满足不了高水平滑雪爱好者的需求，因此一部分消费者选择去往新疆、吉林甚至国外自然条件较好的地区和国家滑雪，这一部分群体不仅对自然环境以及滑雪场的基础设施有着较高的要求，而且对滑雪装备的质地、品牌等同样有要求。2023年的美团数据显示，去新疆滑雪的省外前三的客源地包含北京[①]。为此，在这个体验经济时代，面对京津冀区域不同类别的滑雪体验者，只有从供给端出发、优化产品结构、提升服务质量、抓住供给与需求的矛盾点并对症下药，才能不断满足消费市场日益增长的需求。

第三节　相关支持性行业分析

滑雪目的地作为滑雪产业发展的载体，具有辐射面广、融合度高、综合性强的特点，其涉及的行业较为多元，包括滑雪旅游业、滑雪培训业、滑雪产品制造业、交通运输业、住宿业、餐饮业等。鉴于相关行业细分的数量众多，笔者只选择与滑雪目的地有紧密联系的支撑行业展开分析。

[①] 最热滑雪季新疆成"新宠"：成都、西安、北京为首要客源地 雪场预期客流过百万人[EB/OL]. (2023-12-12)[2024-07-01]. https://baijiahao.baidu.com/s? id=1785060705155258161&wfr=spider&for=pc.

一、滑雪旅游行业

滑雪目的地是发展滑雪旅游的载体,滑雪旅游的特性决定了滑雪旅游的整体购买消费行为是在滑雪目的地完成的,是滑雪目的地价值实现的途径之一。京津冀作为冬奥赛事承办区域,在国家政策和社会资本的双重刺激下,该区域滑雪旅游消费全面引燃。在第十七届中国·崇礼国际滑雪节期间,推出了覆盖赛事、节庆、会展等的多样化的活动,共吸引滑雪游客 274.1 万人次,同比增长 6%,实现旅游直接收入 19.6 亿元。为进一步响应国家举办冰雪节的号召,张北地区推出张北冰雪文化旅游节,石家庄推出石家庄冰雪旅游文化节,保定推出滑雪节,这种结合地方文化、民俗、节庆元素的滑雪旅游组合产品吸引了大量消费者的参与,为当地创造了巨大的经济效益。2023 年春节长假期间,张家口全市共接待游客 151.71 万人次,实现旅游总收入 11.34 亿元①。连续举办多届的北京市冰雪节横跨元旦、春节、元宵节等节日,这种融入节庆文化的冰雪活动吸引了近500 万名参与者。借助承办冬奥赛事的地缘优势,延庆谱写了冰雪发展新篇章,资料显示,延庆的冰雪欢乐季享誉华北大地,其每年稳定接待的冰雪旅游和参与冰雪运动的游客 540 多万人次,实现收入3.68 亿元。由此可见,借助冬奥赛事的契机,京津冀区域滑雪目的地通过融合赛事、节庆、民俗等元素呈现的滑雪旅游内容更趋丰富和多元,也契合当前消费者对滑雪旅游重内容、重体验的心理诉求,这种高质量的供需匹配有利于增加滑雪旅游的消费黏性,从而进一步带动滑雪目的地的发展。

---

① 春节接待游客 151.71 万人次! 张家口旅游业回暖复苏[EB/OL]. (2023-01-31)[2024-07-01]. http://www.zjknews.com/news/dujia/2023/01/384436.html.

二、滑雪产品制造行业

滑雪目的地的建设离不开滑雪制造产业的支持,滑雪制造产业通过生产大型器械(如造雪机、压雪车、提升设备以及滑雪装备和滑雪器材)为滑雪场提供硬件支撑。随着我国滑雪市场的不断发展,滑雪制造的供给与需求矛盾日益显现,国内供给与需求严重脱节,大量国外先进品牌抢占中国市场。在冬奥会的驱动下,京津冀区域集聚的一些滑雪制造企业正尝试借助已有的优势努力实现弯道超车。张家口市河钢集团公司自主研发出了 SR400 压雪机,并已在崇礼银河滑雪场应用;张家口市宣化宏达冶金机械有限公司为解决造雪机射程范围小的问题,自主研发了造雪机支架,受到了省内外部分滑雪场的青睐,并成功打入韩国市场,同时该企业还与北京起重运输机械研究院合作,生产滑雪场客运脱挂索道,填补了该领域的国内空白;位于衡水的河北百一橡胶制品有限公司在压雪车履带等方面取得部分专利;河北安体体育科技有限公司研发的旱雪产品引起了不少滑雪场的兴趣;位于石家庄市的河北硕德体育用品科技有限公司研发的旱雪产品已拥有三项专利,具备了量产条件。廊坊市凭借毗邻京津、距港口较近的区位优势,近年来聚集了天冰造雪设备(三河)有限公司、三河多贝玛亚运送系统有限公司以及生产销售滑雪场魔毯的固安道沃机电有限公司等国内外知名的冰雪装备企业。作为廊坊市的本土企业,固安道沃机电有限公司现已发展成为全球最大的魔毯产销企业,产品出口韩国、日本等多个国家。依托区域现有优势,借助冬奥契机,瞄准滑雪制造业旺盛的需求,河北省滑雪装备制造产业正加快布局,积极谋划建设冰雪运动装备产业园,通过积极引入高端冰雪装备制造项目,推进传统装备制造企业改造升级。

三、滑雪赛事行业

滑雪场作为赛事承办的载体平台,举办赛事不仅能发挥场馆的效能,而且赛事的反哺作用通常能进一步提高滑雪场的知名度与影响力,为滑雪场带来大量的客流。从表2-4可以看出,京津冀区域的赛事种类较为丰富,承办主体较为多元,从大型国际竞技赛事到各省份的群众比赛,参赛群体从老年人到青少年,参赛对象从滑雪精英到业余群众,充分体现了京津冀区域滑雪赛事的综合性与包容性。数据显示,2023年河北省共开展冰雪赛事活动1182场,直接带动1000多万人参与冰雪运动,在河北冬奥场馆及其周边地区共举办各类冰雪赛事活动303项,其中,国际级赛事6项,国家级赛事51项,省级赛事115项,并成功申办2024—2025年雪季国际级赛事2项,除此之外,还承接了韩国、日本等国外冬季运动队和国内运动队59支共3.2万人次先后在冬奥场馆及周边驻训[①]。其中包括韩国、日本运动队2支共1200人次,中国国家队15支共6895人次,10个兄弟省份运动队31支共12210人次,河北省运动队11支共12161人次[②]。此外还有一般性国际级赛事、国家级赛事以及省级和地方赛事等,这极大地巩固了"带动三亿人参与冰雪运动"的发展成果,且实现了"冰雪赛事搭台,经济唱戏"的目标。数据显示,2023年河北冰雪体育赛事直接引流176.18万人次,增加经济收入11.46亿元,并带动崇礼游客大幅度增长。作为主办2022年冬奥赛事的核心地区,北京充分利用有限的资源和场馆条件,举办国际雪联单板及自由式滑雪大跳台

---

① 河北发布冰雪运动高质量发展数据 冰雪运动强省建设成效显著[EB/OL]. (2024-03-21)[2024-07-01]. http://news.sjzdaily.com.cn/2024/03/21/99887304.html.

② 河北省推动冰雪运动高质量发展新闻发布会在石家庄召开[EB/OL]. (2024-03-21)[2024-07-01]. https://sport.hebei.gov.cn/shengjuyaowen/2024/0321/23335.html?WebShield-DRSessionVerify=QempLGlKicSRMGvPToTD.

世界杯赛等自有品牌赛事五项,举办国际雪车联合会雪车世界杯等赛事四项。除此之外,一系列大学生冰雪赛事以及青少年竞技赛事在北京地区不断涌现,也吸引了大量人口的参与。进入后冬奥时代,大量国内外大中型滑雪赛事开始在京津冀区域落地生根,随着赛事数量的增加、质量的提升,赛事对场馆及城市的辐射作用也将随之增强,这对于提高城市形象、促进滑雪目的地竞争力的提升有着重要作用。

表 2-4　2023—2024 年雪季在京津冀地区举办的部分赛事情况一览

赛事名称	主办方	举办地	参赛情况
2023—2024 赛季国际雪车联合会雪车和钢架雪车世界杯	国际滑雪和单板滑雪联合会	国家雪车雪橇中心	共有来自 18 个国家和地区的 190 名运动员、教练员、联合会官员参赛,其中包含中国队的 38 人
2023—2024 年赛季国际雪联单板及自由式滑雪大跳台世界杯	国际滑雪和单板滑雪联合会	首钢滑雪大跳台	共有来自 24 个国家和地区的 166 名运动员参与角逐。中国选手苏翊鸣、杨文龙在男子单板比赛中登场
2023 年北京市青少年 U 系列滑雪冠军赛	北京市体育局	北京怀北国际滑雪场	近 500 名运动员参与比赛
2023 年京津冀滑雪社会体育指导员职业技能挑战赛	北京市体育专业人员管理中心	北京军都山滑雪场	来自京津冀三地的 15 支队伍以及 60 名优秀滑雪社会体育指导员展开同场竞技
北京市第二届冬季运动会滑雪比赛	北京市体育局	万科石京龙滑雪场	设置单板滑雪男女大回转和小回转两个项目,按照不同年龄区间分为甲、乙、丙、丁共八个竞赛组别
2023 年河北省冰雪联赛越野滑雪比赛暨滑雪平行回转锦标赛	河北省体育局	国家冬季两项中心	来自冰雪运动协会、冬季项目特色学校、青少年俱乐部等的 200 余人参赛
2023 年河北省大众冰雪联赛	河北省体育局	翠云山银河滑雪场	来自全省的 107 名滑雪爱好者参赛
2023—2024 赛季全国单板滑雪平行项目青少年锦标赛	国家体育总局冬季运动管理中心	翠云山银河滑雪场	共有来自全国 13 个省份的 24 支队伍的 108 名运动员参赛

第四节　企业战略、结构与竞争对手

产业竞争优势来源于企业竞争力,换言之,企业是产业竞争的基本载体,产业竞争力取决于企业竞争力,而企业竞争力主要来源于企业的竞争优势,企业竞争优势的市场表现是理解企业竞争力的重要基础。为此,结合波特钻石模型以及企业和产业之间的关系,从企业战略、企业机构以及企业之间的竞争三个方面来分析京津冀主要滑雪企业的竞争优势表现。

一、企业战略

随着滑雪场之间竞争的加剧,各个滑雪场使出浑身解数,旨在借助不同方式和途径赢得市场占有率,在激烈的滑雪市场竞争中分得一杯羹。万龙滑雪场作为崇礼营业时间最早的雪场,依靠多样化雪道的设计以及高质量的服务,吸引了大批滑雪爱好者,其专业的场地设施及贴心的软性服务为其在崇礼滑雪大区的立足建立了良好的口碑。与万龙滑雪场的消费者定位不同,太舞滑雪场依靠浪漫的欧式小镇,主打家庭度假品牌,满足了当前多数人对休闲度假的需求,冬季主打滑雪旅游,而其他季节则利用闲置设施开展四季运营,突出度假主题,成为崇礼地区滑雪场四季运营的典范。同样,富龙作为大型滑雪场,其主打亲子度假产品及服务,同时融入一系列的时尚元素,如不定期举办音乐节、灯光秀以及滑雪赛事等,这种别具一格的营销方式吸引了大量群众的参与。作为城市里的滑雪场,富龙东南侧被山体包围,形成天然的挡风屏障,为滑雪者创造了无风滑雪的温暖环境。作为重型资本投入的大型滑雪度假区,万龙、太舞、富龙均配套有地产销售,通过地产销售回笼资金实现滑雪场的良性运营通常是这些重资产滑雪企业的市场战略之一。而作为城市周边的近郊雪场,北京地区的滑雪场主要是为一日游的滑雪消费者提供去处,没有地产配套和变现,仅依靠缆车票及餐饮住宿等配套的销售实现资金的回笼和盈利。随着市场竞争的加剧,一些滑雪场试图打价格战,以超低的价格赢得消费者的青睐,然而近年来,北京近郊的滑雪场也在努力寻找滑雪场的市场定位,大部分滑雪场依靠精准的营销策略实现了收入大于支出的目标。

二、企业结构

依托首都区位优势,环渤海地区聚集了大量来自世界各地的人,不同文化背景的人的集聚带来了多元化的现代理念。这一优势贯穿了京津冀地区的滑雪企业。以崇礼为例,作为依托国际赛事快速崛起的冬奥小镇,崇礼的滑雪场多为民营企业,灵活的经营管理方式吸纳了大量国外滑雪行业专家,其企业管理更趋现代化和国际化,且滑雪企业的结构较为完整有序,运营业态较为丰富多元。如太舞、云顶、万龙等滑雪场均按照现代企业管理模式设置了营销部、运营部、财务管理部、人力资源部、滑雪学校部等,其运营板块由缆车票销售逐渐延伸至雪具租赁、酒店、餐饮、滑雪学校、地产销售等多项业态,包括夏季开展的夏令营、户外拓展、山地自行车等多项活动,大型滑雪场逐渐发展成集生态观光、避暑胜地、冰雪世界、休闲度假于一体的体育旅游休闲度假区。随着互联网以及智能化、信息化技术的发展,大型滑雪场的营销渠道呈现出多元化的特征,主要采用直销和代理的方式,线上线下并重。这些在冬奥会背景下新崛起的大型滑雪场改变了过去滑雪场单一的格局,多业态共存促发展成为时下滑雪企业运营的新形态。同样,北京地区有着国内最早兴起的一批滑雪场,随着时代的发展,这些滑雪企业注入了大量的新鲜元素,如军都山滑雪场与德国的教育机构进行合作,利用场地为青少年提供深度营地教育和文化教育体验课程。随着市场需求的日益更新,北京部分滑雪场开始探索向旅游目的地的升级路径，尝试以冰雪小镇模式吸引更多酒店、餐饮、酒吧以及运动品牌商加入，打造品牌商街，以提供高度匹配的市场供给。

三、同行竞争

京津冀地区作为中国滑雪大区的后起之秀，凭借成功举办 2022 年北京冬奥会的经历已然成为世界瞩目的焦点。该区域依托北京地区庞大的滑雪消费人群以及强劲的滑雪消费能力，成为国内外各个滑雪大区竞相争夺的重要客群市场。当前，在国外滑雪市场发展速度放缓的背景下，中国滑雪市场逆势而上的发展态势吸引了国外滑雪企业的注意，欧美国家凭借自然条件优势和成熟的服务体系成功打通了与京津冀滑雪目的地合作的大门，如美国的 VAIL 滑雪集团，法国的三峡谷、葱仁谷，日本的志贺高原等纷纷进驻中国，与京津冀地区的一些滑雪场合作，并开展目的地的营销推介活动，成功吸引了国内大批滑雪爱好者，现实表明，日本地区是当前最受国人青睐的滑雪去处。除此之外，国内的老牌滑雪市场和新兴滑雪大区黑龙江、吉林、新疆的大型滑雪目的地也依托品牌优势分流了大量滑雪消费者。凭借优越的自然条件，北大壶、可可托海等称得上是国内滑雪爱好者的天堂。面对国内外滑雪市场的不断发力，京津冀地区的滑雪市场也在采取措施积极应对挑战，尽管滑雪场之间通过打价格战来进行客源争夺成为市场竞争的常态，然而在消费需求升级的大环境中，京津冀地区的滑雪场开始转变发展思路，通过差异化发展战略来谋求市场占有率，如万龙滑雪场、新疆的丝绸之路国际滑雪场、吉林的北大壶滑雪场、陕西的鳌山滑雪场，四家滑雪场正式签订了联滑的合作协议，这种滑雪场联合的运营模式堪称滑雪市场发展的里程碑，为我国滑雪市场由竞争走向合作提供了可借鉴的范本。

第五节　政府政策分析

一、国家层面

在北京冬奥会的驱动下,中国滑雪市场的发展如火如荼。为有效引导市场的健康持续发展,政府部门在冬奥赛事前和冬奥赛事后紧锣密鼓地出台了多项政策,具体如表2-5所示。从表中罗列的内容可以看出,促进京津冀滑雪目的地的可持续发展几乎是相关政策文件的重点指向。京津冀区域的滑雪市场作为驱动中国滑雪产业发展的一支重要力量,承担着推动区域经济发展的重要任务,是促进京津冀协同发展的有效突破口。为此,京津冀区域滑雪目的地的发展被多个部门赋予了重大的意义。显然,由多个部门联合出台的政策文件为京津冀滑雪大区的未来发展提供了明确的发展方向,然而为京津冀滑雪目的地发展保驾护航的相关法律法规仍有待完善,滑雪场建设以及滑雪装备制造等行业尚缺乏统一的标准。随着京津冀区域滑雪市场的不断发展壮大,滑雪场从业资质不齐、硬件不足、管理不到位、安全事故频发、服务水平低、秩序混乱等一系列问题不断凸显,监管缺位明显,法律规范亟须完善,生产标准亟待制定。为充分发挥京津冀滑雪产业发展的"领头羊"作用,政府应联动多个部门从税收、津贴、贷款、土地等方面实施政策倾斜,为滑雪相关企业的发展减轻成本负担,提供制度保障,创造发展环境,促使市场走向可持续发展道路。

表 2-5 促进京津冀区域滑雪目的地发展的部分政策一览

时间	发文单位	文件名称	相关内容
2016 年 10 月	国务院办公厅	《国务院办公厅关于加快发展健身休闲产业的指导意见》	以举办 2022 年冬奥会为契机,结合京津冀协同发展战略,围绕"三亿人参与冰雪运动"的发展目标,全面发展冰雪产业
2016 年 11 月	国家体育总局、国家发展改革委、教育部、国家旅游局	《冰雪运动发展规划(2016—2025 年)》	以筹办 2022 年冬奥会为契机,在京津冀地区建设综合性国际大型滑雪场馆
2016 年 11 月	国家体育总局、国家发展改革委、工业和信息化部等七个部门	《全国冰雪场地设施建设规划(2016—2022 年)》	以京津冀重点建设为引领,以东北地区稳步建设为基础,以西北、华北地区为支撑,以南方地区合理建设为扩展
2016 年 12 月	北京市体育局、天津市体育局、河北省体育局	《深入推进京津冀体育协同发展议定书》	京津冀打造冰雪健身等六条旅游休闲产业带
2017 年 9 月	国家体育总局、国家发展改革委、国家旅游局	《京津冀健身休闲运动协同发展规划(2016—2025 年)》	对以崇礼为核心区域的滑雪场进行扩建,建立崇礼冰雪户外运动休闲示范区,打造京张承冰雪运动休闲带示范区
2021 年 2 月	中华人民共和国文化和旅游部(简称文化和旅游部)、中华人民共和国国家发展和改革委员会(简称国家发展改革委)、国家体育总局联合印发	《冰雪旅游发展行动计划(2021—2023 年)》	引导以冰雪旅游为主的度假区和 A 级旅游景区探索发展夏季服务业态

二、地方层面

为进一步贯彻国家层面及其他部门关于推进京津冀滑雪产业发展的系列要求,北京、天津、河北三地积极参与政策制定与规划实施,根据地方实际情况,颁布相关文件,为促进京津冀区域滑雪市场发展贡献力量,详细内容如表2-6所示。从表中内容可以看出,自申奥成功之后,为积极响应国家号召,河北省及地方区域联合多个部门制定规划,其发文数量居三地之首,且文件内容均指向推动冰雪市场的发展,并将冰雪产业视为促进河北省经济发展的新增长极。对比之下,天津市颁布的相关政策文件数量则相对较少,这与区位有关。北京得益于巨大的消费市场和旺盛的消费需求,加之场馆规模和数量与天津相比,占据了相当程度的优势,因此,纵然天津有着一定规模的滑雪需求,但是滑雪市场的发展情况依然不可与北京相比。另外,通过表中所展示的内容可以看出,北京、天津、河北颁布的政策文件的内容更为细化和具体,更具可执行性与操作性。为此,三个地区因地制宜做好顶层设计,科学制定规划,形成合力,实现1+1+1>3的效果,有利于为京津冀区域滑雪产业发展筑牢基石。

表 2-6　促进京津冀滑雪目的地发展的地方政策一览

时间	发文单位	文件名称	相关内容
2016 年 1 月	河北省体育局、河北省发展和改革委员会	《河北省冬季运动发展规划(2015—2022年)》	每个设区市要建成至少一个高标准的冰雪项目场地
2016 年 5 月	张家口市人民政府	《加快冰雪运动振兴发展的意见(2016—2022 年)》	将发展冰雪运动纳入地方社会经济发展总体规划和京津冀协同发展战略
2016 年 12 月	河北省人民政府办公厅	《河北省体育产业发展"十三五"规划》	建设以张家口市崇礼区为核心的冰雪运动大区
2017 年 5 月	承德市人民政府办公室	《承德冰雪运动旅游产业区规划(2016—2025)》	利用冰雪资源,发展冰雪运动旅游,推进体育产业发展

续　表

时间	发文单位	文件名称	相关内容
2017 年 7 月	河北省人民政府办公厅	《河北省人民政府办公厅关于进一步扩大旅游文化体育健康养老教育培训等领域消费的实施意见》	围绕京津居民养生健康、养老需求,依托草原、冰雪等自然资源打造京津居民康养休闲首选地
2018 年 5 月	河北省人民政府	《河北省冰雪产业发展规划(2018—2025年)》	在京津冀建设一批承办大型滑雪赛事的场馆
2020 年 5 月	北京市体育局、北京市残疾人联合会	《北京市落实〈关于以 2022 年北京冬奥会为契机大力发展冰雪运动的意见〉的实施意见》	促进夏季项目和冬季项目均衡发展,冰雪产业规模不断扩大,冰雪场地设施更加完善
2020 年 9 月	天津市体育局等七部门	《天津市冰雪运动场所安全监督检查办法(暂行)》	冰雪运动场所经营者是否担负起安全生产主体责任
2023 年 3 月	河北省加快冰雪运动发展工作领导小组办公室	《河北省加快冰雪运动发展工作领导小组 2023 年工作要点》	加快建设冰雪运动强省,继续推动冰雪场馆免费或低收费开放
2023 年 7 月	北京市体育局	《北京市进一步促进冰雪消费三年行动方案(2023—2025年)》	支持冰雪场馆节能改造,提升滑雪场、冰雪旅游度假区等重点区域的 5G 网络覆盖水平

　　伴随冬奥之风的阵阵吹拂,加之地方政策的科学引导,京津冀滑雪市场不断发展壮大并逐渐步入新的发展阶段。在这一时期,北京和河北为规范滑雪市场,各自设立了不同的行业标准,具体如表 2-7所示。

表 2-7　京津冀滑雪目的地发展的相关标准一览

时间	发文单位	文件名称	相关内容
2017 年 2 月	河北省体育总会办公室	《河北省大众滑雪等级标准(试行)》	大众滑雪标准由单板和双板组成
2017 年 2 月	河北省体育局	《河北省滑雪场所安全管理规范(试行)》	从场地、设施设备、制度、运营管理人员管理、应急管理等方面提出基本要求
2017 年 6 月	北京市质量技术监督局	《体育场所安全运营管理规范 滑雪场所》	对魔毯、滑雪巡查、滑雪者佩戴头盔等都作出了一定的要求
2017 年 9 月	河北省质量技术监督局	《滑雪用安全防护网通用技术要求》	对滑雪场安全防护网设施的分类、要求和试验方法、标志及使用说明进行了规范
2018 年 1 月	北京市冬季运动管理中心、北京市滑雪协会	《北京市大众滑雪锻炼等级标准》	对成人、儿童和单板、双板均作出了明确的等级划分
2018 年 12 月	河北省住房和城乡建设厅	《绿色雪上运动场馆评价标准》	首次提出了涉及室外冰雪运动场馆规划、设计、建设、运维等的70多个量化指标

北京分别为滑雪场运营管理、大众滑雪群体以及滑雪指导员几类主体设立了地方行业标准,一方面,通过规范滑雪场运营和滑雪指导员行为树立行业典范;另一方面,通过为大众滑雪群体提供技能等级标准,帮助参与人群明确技能水平和进阶空间,避免盲目跟风。在这之前,河北也依据地方特点,设定了大众滑雪等级标准与场地安全管理规范,《滑雪用安全防护网通用技术要求》的制定更是具有树立行业标杆的典范作用,在我国暂无滑雪场安全防护类和滑雪设施类的统一国家标准的大背景下,这项省内标准堪称国内领先。因此,地方标准的实施与推广不仅能规避滑雪市场发展的无序问题,对于助推我国滑雪运动相关领域标准化体系框架的搭建也起到了良好的示范作用。随着地方行业标准的逐步确立,相关法律法规也应逐渐完

善,通过充分发挥制度的保障作用,共同为京津冀滑雪市场的良性发展保驾护航。

第六节　机会分析

一、2022 年北京冬奥会为京津冀区域滑雪目的地发展带来新引擎

从历史上 1924 年夏慕尼的第一届冬奥会至今,因冬奥会对场馆与举办城市的基础设施建设有着严格的要求,冬奥过后举办城市的冰雪产业通常会有前所未有的发展与突破。以 1968 年法国格勒诺布尔冬奥会为例,政府投入大量经费加强基础设施建设,承担修建公路和机场 80% 的成本,显而易见的是,这些举措加快了格勒诺布尔和周边滑雪场的现代化进程,为举办地滑雪市场的蓬勃发展注入了催化剂①。2014 年的冬奥会促使索契从一个区域性的避暑胜地转变为一个全年的世界度假胜地。再看中国,在冬奥会的驱动下,承担冬奥会雪上项目的延庆和崇礼发展飞快,从赛事场地的建设到基础设施的完善,整个京津冀地区发展如火如荼。作为冬奥配套项目的京张铁路也在 2019 年竣工并实现通车,这条 173.964 千米的铁路大大缩短了从北京到崇礼各个滑雪场的距离,耗时大约 50 分钟,在为崇礼输送大量滑雪消费者的同时,也加强了城市之间的交流。场地规模的进一步扩大带动了更多滑雪爱好者的参与。在 2022 年北京冬奥会,京津冀地区的政府部门从政策、经费、税收等方面出台方针政策,充分发挥宏观调控和规范布局的作用,为京津冀滑雪产业健康发

①　朱凯迪,马思雨,王莹,等. 冬奥会促进就业:国际镜鉴与中国方略[J]. 成都体育学院学报,2024(1):53-60.

展保驾护航。有了政府部门的引导与支持,京津冀地区滑雪市场的发展也呈现出一片欣欣向荣的态势,滑雪培训、滑雪赛事、滑雪装备制造等受到了市场主体和金融资本的青睐。由此可见,京津冀作为2022年冬奥会举办地,无疑会是冬奥会的直接受益者,筹办与举办冬奥会不仅能提高城市影响力,还能为城市滑雪市场发展注入新动力。

二、京津冀协同发展战略为京津冀区域滑雪目的地发展搭建新桥梁

根据《京津冀协同发展规划纲要》的要求,形成"一核、双城、三轴、四区、多节点"的空间布局,并将在交通、环保、产业三大重点领域实现率先突破。2014年7月,京津冀三地签署《京津冀体育产业协同发展议定书》,旨在为京津冀区域体育产业的联动发展明确未来方向与提升路径[①]。科学的顶层设计促使区域内资源实现有效整合,构建区域品牌有利于提高市场竞争力。基于京津冀三地滑雪产业发展不平衡的特点,京津冀协同发展战略立足已有优势,通过实现不同区域间的差异化发展,为京津冀区域滑雪产业的规划布局指明了发展的道路。依托京津冀协同发展规划与2022年冬奥会的契机,河北打造以崇礼为中心的大型滑雪赛事训练基地,北京发展大众滑雪运动与旅游业,天津借助港口优势和制造业传统着力发展滑雪制造业,通过互补式发展,促使区域滑雪产业协同向前[②]。随着京津冀协同发展战略的不断推进,区域间的行政壁垒正逐步被打破,立体化的交通网络基本形成,多领域合作成效明显,一系列成就的取得为京津冀区域滑雪产业的发展打开了新的大门,为推进冬季运动优势互补、协

① 张剑峰,高绪秀,王怡雯,等.京津冀网球产业协同发展策略研究[J].山东体育学院学报,2016(3):49-52.

② 袁一鸣.北京市滑雪场滑雪教练员素质研究[D].北京:北京体育大学,2017.

同发展提供了有利条件。"一小时交通圈"为区域内滑雪人群的往来提供了便捷的交通服务,区域间滑雪物流及信息的交流成本大大缩减,京津冀协同发展战略为区域滑雪产业发展搭建桥梁的同时,滑雪产业也为京津冀协同发展提供了强大的动能。滑雪产业作为第三产业,不似工业那样受到重重限制,更容易打破三地的区域壁垒,成为协同发展的新引擎。

三、国际滑雪市场下滑为京津冀滑雪目的地发展提供了历史良机

在世界范围内,几乎所有的传统滑雪市场都在缓慢下行。受人口老龄化的影响,全球滑雪运动项目参与人数及滑雪人次逐年下降。多样化的娱乐产品以及活动在很大程度上吸引了年轻人的注意,这也在一定程度上使滑雪运动项目参与人数和人次受到影响。在这样的大背景下,唯独中国滑雪市场近几年出现逆势增长,加之2022年冬奥盛会的举办,参与滑雪运动的人次呈指数型增长趋势。法国、奥地利、瑞士、美国、加拿大、新西兰等都想从庞大的中国滑雪市场中分一杯羹。随着北京冬奥会的举办,大量国外资本进入中国滑雪领域,国外先进的场馆建设和运营理念与技术不断涌入京津冀区域的各大滑雪场,久负盛名的滑雪设备、装备、器材等国际品牌逐步抢占区域市场,北京磁器口作为滑雪器材集中地,在这里可以找到世界各地的滑雪品牌。国外滑雪市场的低迷与中国滑雪市场强有力的发展后劲形成了鲜明的对比,吸引了国外的大量人才、技术、品牌等。京津冀区域作为引领中国滑雪产业发展的"排头兵",面对低迷的国际滑雪市场,要紧抓2022年北京冬奥会契机,依托旺盛的消费需求、国外资源的流入及完善的基础设施建设,积极探索国外合作渠道,科学普及冰雪运动项目,大力发展冰雪健身休闲业、高水平竞赛表演业和冰雪旅游业,实现京津冀滑雪产业的"领头雁"作用。

第七节　本章小结

本章运用钻石理论对京津冀滑雪目的地展开定性分析。通过引用波特的钻石模型竞争优势理论，从生产要素、需求条件、相关行业支持要素、企业战略结构、政府以及机会六个方面对京津冀滑雪目的地的竞争力展开定性分析。通过对京津冀滑雪目的地的定性分析可以看出：第一，在生产要素方面，京津冀区域滑雪目的地在自然资源禀赋、气候等初级要素方面不如黑龙江、吉林、新疆等地。相比之下，京津冀区域的高级要素条件优势突出，特别是在2022年北京冬奥会的带动下，京津冀区域专业场馆建设和一般基础设施建设双管齐下，依托小气候优势在崇礼地区建立了一批高端大型滑雪度假区，与之相匹配的交通、通信、环保等基础设施趋于完善。第二，在市场需求方面，京津冀滑雪市场的需求规模逐年扩大，需求结构日益多元化。第三，在相关支持性行业方面，京津冀滑雪旅游热度持续上升，成为冬季旅游的主要内容，依托大型场馆和冬奥品牌的优势，近年来，国内外大量赛事相继在京津冀区域落地，吸引了大量不同技能水平的滑雪爱好者。第四，在企业战略及结构和同业竞争方面，京津冀区域国际化水准较高的优势渗透至滑雪行业，为滑雪企业的发展注入了先进理念，尽管如此，作为滑雪行业的后起之秀，同业竞争对手的实力依旧不可小觑。第五，在政府方面，京津冀区域作为冬奥赛事举办地及我国冰雪经济的新增长极，中央和地方为助力冬奥会及冰雪运动的可持续发展，推出了大量政策及相关标准，以驱动市场发展。第六，在机遇方面，2022年冬奥会、京津冀一体化发展以及国际市场的萎靡给京津冀区域滑雪目的地的发展带来了重要的发展机遇。由此可见，京津冀滑雪目的地虽然竞争优势突出，但其劣势也较为显著。

第三章 京津冀滑雪目的地竞争力的定量分析

第一节 定量分析的研究思路

从滑雪目的地的广义属性和狭义属性两个层面对京津冀滑雪目的地竞争力进行探讨是定量分析的研究思路。

第一层面是以京津冀与 28 个省份滑雪目的地的市场竞争力为研究对象,采用因子分析法与聚类分析法,探究在我国省域范围内京津冀区域的综合得分及排名情况,并利用聚类分析法找到可能与京津冀区域处于同一竞争水平梯队的区域。

第二层面的分析建立在第一层面分析结果的基础之上,由第一层面聚类分析的结果可知与京津冀处于同一竞争水平梯队的区域,继而选取同一梯队内最具竞争力的区域的滑雪场为研究对象,以雪道面积为标准进行筛选,同时借助领域内专家的甄别,然后采用因子分析法与聚类分析法,对同一梯队内不同区域的滑雪场进行分析,最后找到京津冀区域内滑雪场的竞争优势和劣势。

第二节 竞争力指标体系的构建原则

一、科学有效性原则

滑雪目的地竞争力指标体系的构建是建立在已有的理论研究基础之上的,各项指标要素与维度的选取充分考虑主要是进行定性分析的钻石模型指标体系,并结合研究确定滑雪目的地竞争力的概念界定与内涵。此外,各项指标数据真实可靠,具有可溯性,亦可重复研究,研究结果可再现。只有坚持科学有效、实事求是的基本原则,才能使分析结果具有较高的可信度,并充分反映现实发展情况,为现实发展提供有效指导。

二、系统全面性原则

一个行业的快速发展离不开与其相关的其他行业的支持与发展,滑雪目的地这一业态亦是如此。目前,滑雪目的地与其他业态之间,比如旅游、餐饮与住宿等,具有高度的相关性与融合性。此外,滑雪目的地竞争力的研究内容还与当地的社会、经济、文化、地理、生态等方面存在千丝万缕的联系。因此,滑雪目的地指标体系的构建需要全方位考虑,保证指标体系的系统性与全面性,形成一个逐层深入的系统。

三、代表性原则

代表性原则从本质上来讲是指选取的指标能够代表行业或产业的发展水平。在现实生活中,反映一个行业或产业的发展水平的要素有很多,如何挑选出具有代表性的评价要素成为指标体系构建的重要环节。在指标体系构建过程中,虽然要做到各层次、全方位覆盖,但滑雪目的地概念边缘的模糊性会导致研究者无法选取所有指标,而且过于庞杂和冗长的指标很难保证指标体系的科学性、有效性与合理性。因此,指标选取过程中,在全面反映行业或产业水平的基础上应具有一定的侧重点和代表性,避免指标在反映总体水平时存在信息缺失或片面性问题。

四、可操作性原则

滑雪目的地竞争力指标体系中的各类指标应能够直接或间接赋予量化值进行分析,并且能够获取真实、准确的量化数据。在进行资料查询与实地调研的过程中,要将那些难以量化或无法收集数据的指标予以舍弃,并选择具有数据可得性的指标。竞争力评价是依据现实发展构建理论指标体系对现实情况进行评定的过程,指标体系的可操作性有助于为后续更深层次的分析研究提供基础。

第三节　定量研究的分析方法

一、因子分析法

因子分析法是主成分分析法的延伸,是利用降低指标维度的思路,从研究原始变量相关矩阵的内部依赖关系出发,将一些具有复杂关系的变量归结为少数几个综合因子,能够对变量进行较为全面的解释的一种统计分析方法。该方法主要是通过计算因子载荷、因子旋转及因子得分来确定公共因子。

下面用滑雪目的地竞争力指标体系 D_1 对因子分析模型进行说明。在全国选取包括京津冀在内的 31 个省份作为研究样本,用 Y_1,Y_2,$\cdots$,Y_{30},Y_{31} 表示;每个省份有 12 个评价指标,用 X_1,X_2,X_3,$\cdots$,X_{12} 表示,并且指标之间具有较强的相关性。为便于研究,将调查数

据进行标准化处理,使标准化后的变量均值为 0,方差为 1,则因子模型为[①]:

$$
\begin{cases}
X_1 = a_{1.1}F_1 + a_{1.2}F_2 + \cdots + a_{1,m}F_m + e_1 \\
X_2 = a_{2.1}F_1 + a_{2.2}F_2 + \cdots + a_{2,m}F_m + e_2 \\
\qquad\qquad \cdots\cdots \\
X_{12} = a_{12.1}F_1 + a_{12.2}F_2 + \cdots + a_{12,m}F_m + e_{12}
\end{cases}
\tag{3-1}
$$

其中,$F_m(m=1,2,3,\cdots,$ 且 $m<12)$ 为标准化后的公共因子,$a_{i,j}$ 为因子载荷,e_i 为特殊因子。

为了更好地解释公共因子 F,并得到其解释意义,需要将初始的因子载荷进行旋转(正交或直接斜角旋转法),以得到意义更为明确、实际意义更加明显的公共因子,即

$$
\begin{cases}
F'_1 = b_{1.1}F_1 + b_{1.2}F_2 + \cdots + b_{1,m}F_m \\
F'_2 = b_{2.1}F_1 + b_{2.2}F_2 + \cdots + b_{2,m}F_m \\
\qquad\qquad \cdots\cdots \\
F'_m = b_{m.1}F_1 + b_{m.2}F_2 + \cdots + b_{m,m}F_m
\end{cases}
\tag{3-2}
$$

其中,$b_{i,j}$ 为因子载荷斜交旋转后的组合系数。

然后根据因子模型的特征值(一般大于 1)以及累计贡献率(一般大于 80%)选取 m 个公共因子,再通过回归估计的方法,计算出公共因子得分:

$$
F_{n,i} = c_{n,i}X_1 + c_{n,i}X_2 + c_{n,i}X_3 + \cdots + c_{n,i}X_{12}
\tag{3-3}
$$

其中,$c_{i,n}$ 为回归估计系数,i 的取值为 1—m,n 的取值为 1—18。

以各个公共因子的方差贡献率占 m 个公共因子总方差贡献率之和的比值作为权重 d_i,计算各样本的得分,并以此进行排名。

---

① 林海明,张文霖. 主成分分析与因子分析的异同和 SPSS 软件——兼与刘玉玫、卢纹岱等同志商榷[J]. 统计研究,2005(3):65-69.

$$\begin{cases} Y_1 = d_1 F_{1,1} + d_2 F_{1,2} + \cdots + d_m F_{1,m} \\ Y_2 = d_1 F_{2,1} + d_2 F_{2,2} + \cdots + d_m F_{2,m} \\ \qquad \cdots\cdots \\ Y_n = d_1 F_{n,1} + d_2 F_{n,2} + \cdots + d_m F_{n,m} \end{cases} \qquad (3\text{-}4)$$

简化分析流程如下所示。

第一,对指标数据进行标准化处理,消除数据在统计单位上的差异,形成无量纲的数据矩阵。

第二,对数据矩阵进行 KMO(Kaiser-Meyer-Olkin)检验与巴特利特(Bartlett)球形检验:当 KMO 值大于 0.5 时,各项指标的相关性较强,适合进行因子分析;当巴特利特球形检验显著水平为 0 时,指标体系并非单一独立因素,适合提取共性因素,进行因子分析。

第三,以主成分分析法的因子分析提取公共因子,公共因子的累计方差贡献率应大于 80% 或特征值大于 1,即提取的公共因子能够涵盖指标体系大部分信息,能对指标体系进行较为全面的因子描述。

第四,根据各公共因子载荷与指标数据,计算各公共因子的得分。

第五,以公共因子方差贡献率占方差累计贡献率的比例作为因子权重,计算得出样本的综合得分。

第六,对样本的得分进行归一化处理,消除正负数间的影响,形成直观的相对优势得分,并进行排名。

二、聚类分析法

聚类分析法是根据样品之间存在不同程度的相似性,找出一些能够度量样品之间相似程度的统计量,比如因子分析得出的公共因子,以这些统计量为划分类型的依据,把一些相似程度较大的样品聚为一类,关系密切的聚为一个小的分类单位,关系疏远的聚为一个大的分类单位,直到把所有样品都聚类完毕,这样就可以形成一个由小到大的分类系统①。

本书采用的是系统聚类法。首先,将因子分析提取的 m 个公共因子 F_m 作为 n 个省份的分类指标,并将 n 个省份分为 n 类;其次,根据平方欧氏距离(Euclidean 距离)的大小,将最接近的两类合并成一个新类,得到 $n-1$ 类……以此类推;最后,将所有的样品归为一类②。

用 $x_{i,m}$ 表示第 i 个样品的第 m 个指标的因子得分,用 $d_{i,j}$ 表示第 i 个样品与第 j 个样品在第 m 个指标度量上的距离:

$$d_{i,j}(2) = \left[\sum_{k=1}^{m} \left(|x_{i,k} - x_{j,k}| \right)^2 \right]^{1/2} \tag{3.5}$$

然后利用聚类分析法对样本数据进行聚类分组,并绘制聚类树状图以及样品散点分布图,得到分类结果。

第四节　本章小结

本章主要对关于京津冀滑雪目的地竞争力的定量分析从总体上进行阐述。首先,围绕本研究定量分析的整体思路进行说明,即从滑雪目的地的广义层面和狭义层面分别对京津冀滑雪目的地竞争力展开研究;其次,根据定量分析的指标体系构建要求,从指标体系的构建原则方面进行详细阐述;最后,针对本研究定量分析所采用的统计方法,即因子分析法和聚类分析法的原理与应用展开详细描述,旨在通过对本研究的定量分析进行详细阐述,以为下文的实证分析做好基础性铺垫。

---

① 章永来,周耀鉴. 聚类算法综述[J]. 计算机应用, 2019(7):1869-1882.
② 王艳. 基于聚类分析的林分生长模型研究[D]. 哈尔滨:东北林业大学, 2013.

第四章 京津冀与 28 个省份滑雪市场的实证分析

本章主要对京津冀与 28 个省份目的地的滑雪市场展开竞争力分析。通过因子分析法,计算出京津冀与 28 个省份目的地滑雪市场竞争力的综合得分,得出综合排名,在此基础上,通过聚类分析进一步探索与京津冀地区滑雪目的地同处一个竞争力水平的区域,并详细叙述京津冀地区滑雪目的地在全国范围内综合排名背后的实际情况,从而制定有效措施,为推动后冬奥时期京津冀地区滑雪目的地的可持续发展提供现实依据。

第一节 竞争力指标体系 D_1 的构建及数据来源

一、指标体系 D_1 的构建及指标内涵说明

(一)指标体系构建

按照指标体系构建的基本原则,依据定性分析钻石模型理论,通过德尔菲法建立适用于评价区域或省份滑雪目的地的综合指标评价体系 D_1,即从生产要素、需求要素、相关支持要素、企业竞争、政府和机会等维度出发,结合现实发展以及专家意见,最终选取 12 个具体的量化指标,构建指标体系 D_1,具体如表 4-1 所示。

表 4-1　评价区域滑雪目的地的竞争力指标体系 D_1

一级指标	二级指标	单位
生产要素	滑雪场总数 X_1	座
	架空索道数量 X_2	条
需求条件	地区人均可支配收入 X_3	元
	每 10 万人口中接受高等教育的在校生人数 X_4	人
	滑雪人次 X_5	万人次
相关支持要素	交通便利度 X_6	千米/千米²
	住宿企业数 X_7	家
	餐饮企业数 X_8	家
企业竞争	雪道面积＞50 公顷的滑雪场数 X_9	家
	雪道落差＞300 米的滑雪场数 X_{10}	家
	平均运营天数 X_{11}	天
政府与机会	滑雪相关政策及标准数量 X_{12}	个

(二)指标内涵说明

X_1(滑雪场总数)：指各个省份建设的室内外滑雪场馆的总数量。滑雪场是滑雪运动开展的载体,其数量在一定程度上反映了地区滑雪市场的供给情况。另外本研究中的滑雪场不包括滑雪模拟器、旱雪等。

X_2(架空索道①数量)：在这里是指滑雪场的运力设备。架空索道的数量在一定程度上反映了滑雪场的运载效率,是衡量滑雪场规模的重要指标之一,增加架空索道的数量有利于改善滑雪消费者的体验。

X_3(地区人均可支配收入)：指居民可自由支配的收入,人均可支配收入与人们的生活水平成正比。地区人均可支配收入越高,其生活质量相对来说越有保障,因此其是衡量地区经济发展水平的重要指标,在一定程度上能反映出地区居民购买滑雪产品和服务的能力。

---

① 架空索道是指由架空的钢索(钢丝绳)作为行车轨道以输送货物和人员的运输机械。

X_4（每10万人口中接受高等教育的在校人数）：指在校大学生人数占地区总人口数量的百分比，某地区在校大学生的占比越高，说明该地区人口的知识文化水平越高。大学生作为容易接受新事物的群体，通常更易发展成为滑雪运动项目的参与者，且高素质人才的集聚还能为滑雪产业的发展提供源源不断的复合型人才供应。

X_5（滑雪人次）：指单位主体在滑雪场进行活动次数的总和，与滑雪人数不同，前者包括同一主体重复出现的次数，而后者则是不同主体的总数。滑雪人次是反映地区滑雪市场的重要指标。

X_6（交通便利度）：指乘客到达目的地的便利程度，由地区公路及铁路里程数之和除以地区总面积得到，是衡量地区陆运交通发达程度的重要指标。作为与滑雪目的地相关的行业，发达的交通能给滑雪目的地带来更高的客流量。

X_7（住宿企业数）：指地区内限额以上住宿企业数量，即营业额在200万元以上的住宿企业数量，其是反映地区住宿行业发展水平的重要指标，作为为滑雪旅游提供服务的中下游产业，其数量能在一定程度上说明滑雪目的地配套设施的完善程度。

X_8（餐饮企业数）：指地区内限额以上餐饮企业数量，即营业额在200万元以上的餐饮企业数量，其是反映地区餐饮行业发展水平的重要指标。作为为滑雪消费者提供餐饮的行业，其是滑雪行业的重要支撑产业，其数量能在一定程度上说明滑雪目的地配套设施的完善程度。

X_9（雪道面积＞50公顷的滑雪场数量）：基于国内滑雪场大部分以中小型为主的现实情况，雪道面积大于50公顷的滑雪场，在国内属于大型滑雪场的行列，为此，结合现实，笔者以雪道面积是否大于50公顷作为滑雪场规模的分界线。

X_{10}（雪道落差＞300米的滑雪场数量）：300米落差是衡量滑雪场坡度的重要指标之一，根据国内滑雪场的现实情况，可知落差大于

300 米的滑雪场在很大程度上为大型滑雪场。因此,这一指标也是衡量滑雪场规模的重要指标。

X_{11}(平均运营天数):指在自然环境中,冬季冰雪资源持续可用时间的长短。一方面,这能反映出地区的冬季气温特征;另一方面,积雪天数与滑雪场运营时间的长短有关,会对滑雪场的营业收入产生一定影响。

X_{12}(滑雪相关政策及标准数量):滑雪相关政策及标准是政府及其他相关部门充分发挥宏观调控作用的重要手段之一,地区滑雪相关政策及标准的实施直接影响地区滑雪市场的发展。相关政策及标准的颁布给该地区滑雪目的地的发展带来了一定的机遇,并起到推动作用。

二、指标体系及数据来源

一般情况下,滑雪目的地竞争力指标体系的数据构成可分为三类。第一类是直接定量数据:可以从官方公布的统计资料以及身体力行的实践调查中直接获得的数据,这类数据具有较强的直观性。第二类是间接定量数据:这一类指标不能直接获得,但是能够通过其他可测定的一类或多类数据经过相关公式推导后获得,这类数据具有较强的综合性。第三类是量化后的定性指标:这一类指标一般能够通过专家赋值或问卷调查打分,再借助相关理论,形成半量化的数据,这类数据具有较强的主观性。在充分考虑研究结果的客观性后,本章在构建评价指标体系时主要选取第一、二类指标数据。

本章的研究数据主要有直接定量数据与间接定量数据:X_1、X_2、X_5、X_9、X_{10} 的数据取自《2022—2023 中国滑雪产业白皮书》以及各省份公布的统计数据;X_3、X_4、X_7、X_8 的数据取自《中国统计年鉴 2022》;X_{11}、X_{12} 的数据则来自调研收集,X_6 的数据来自公式推导,即交通便利度 X_6=(地区公路里程数+铁路里程数)/ 地区总面积。

第二节 滑雪目的地竞争力因子分析

一、数据处理与成分提取

首先,采用 SPSS 22.0 软件对京津冀与 28 个目的地的滑雪市场展开竞争力分析。对包括京津冀在内的 31 个省份的 12 个指标数据进行标准化处理及相关性检验(详细数据见附录 D),并进行 KMO 检验与巴特利特球形检验,结果如表 4-2 所示。从表中可以看出,KMO 值为0.634,大于 0.5,满足进行因子分析的要求。巴特利特球形检验的近似卡方值为 404.593,自由度为 66,检验的显著性概率为0.000,小于显著性水平 0.05,因此拒绝原假设,说明变量之间存在相关关系,标准化的数据矩阵不是单位矩阵,因子模型较为合适,适合进行因子分析。

表 4-2　31 个省份指标数据的 KMO 检验与巴特利特球形检验

检验		数值
KMO 检验		0.634
巴特利特球形检验	近似卡方	404.593
	自由度 df	66
	显著水平 Sig.	0.000

其次,利用主成分分析法提取指标中各成分的特征值、方差贡献率以及累计方差贡献率,选取特征值大于 1 且累计方差贡献率大于80%的成分作为指标体系的主成分。其中,只有前三个因子的特征值大于 1,且累计方差贡献率达 81.209%,大于 80%,满足公共因子提取要求,数据如表 4-3 所示。由此可见,提取前三个因子为主因子并将其作为反映滑雪目的地的竞争力的总体信息是有效的,编号依次为 XF_1、XF_2 与 XF_3。

表 4-3　公共因子的特征值及方差解释

成分	初始特征值			提取载荷平方和		
	合计	方差贡献率/%	累计方差贡献率/%	合计	方差贡献率/%	累计方差贡献率/%
1	5.607	46.726	46.726	5.288	44.064	44.064
2	2.639	21.990	68.717	2.295	19.124	63.188
3	1.499	12.492	81.209	2.162	18.021	81.209

二、成分命名与内涵解释

斜交旋转后的主成分载荷矩阵如表 4-4 所示，从中可以看出以下几个方面。

表 4-4　斜交旋转后的结构矩阵

指标	成分 XF_1	成分 XF_2	成分 XF_3
X_1（滑雪场的数量）/家	0.863	−0.101	−0.091
X_2（架空索道数量）/条	0.947	0.052	−0.194
X_3（地区人均可支配收入）/元	−0.104	0.866	0.310
X_4（每 10 万人口中的高校在校生人数）/个	0.200	0.697	0.010
X_5（滑雪人次）/万人	0.889	0.147	0.181
X_6（交通便利度）/（千米/千米^2）	−0.207	0.899	0.066
X_7（住宿企业数）/个	−0.133	0.091	0.968
X_8（餐饮企业数）/个	−0.165	0.203	0.945
X_9（雪道面积＞50 公顷的滑雪场数）/家	0.853	−0.077	−0.108
X_{10}（雪道落差＞300 米的滑雪场数）/家	0.879	−0.109	−0.110
X_{11}（平均运营天数）/天	0.846	−0.137	−0.222
X_{12}（滑雪相关政策及标准数量）/个	0.708	0.358	−0.283

第一，主成分 XF_1 主要由 X_1（滑雪场的数量）、X_2（架空索道数量）、X_5（滑雪人次）、X_9（雪道面积＞50 公顷的滑雪场数）、X_{10}（雪道落差＞300 米的滑雪场数）、X_{11}（平均运营天数）、X_{12}（滑雪相关政策

及标准数量)七个指标构成。这些指标都与滑雪场的规模大小、场地设施及形成条件等有关。因此,主成分XF_1可以命名为滑雪场地核心要素。

第二,主成分XF_2主要由X_3(地区人均可支配收入)与X_4(每10万人口中的高校在校生人数)、X_6(交通便利度)三个指标构成。滑雪运动作为一项时尚潮流的高消费项目,通常离不开具有一定经济基础和消费能力的人群等要素的支撑。因此,主成分XF_2可以命名为滑雪消费支撑要素。

第三,主成分XF_3在X_7(住宿企业数)、X_8(餐饮企业数)上载荷最大。住宿、餐饮为服务型行业,为滑雪行业提供服务和支持,可命名为滑雪相关支持要素。

三、得分计算与结果分析

根据斜交后的因子载荷矩阵(见表4-4),写出每个省份的主成分$XF_{n.1}$、$XF_{n.2}$与$XF_{n.3}$的得分计算表达式:

$$XF_{n.1} = 0.863X_1 + 0.947X_2 - 0.104X_3 + \cdots + 0.846X_{11} + 0.708X_{12}$$

$$XF_{n.2} = -0.101X_1 + 0.052X_2 + 0.866X_3 + \cdots - 0.137X_{11} + 0.358X_{12}$$

$$XF_{n.3} = -0.091X_1 - 0.194X_2 + 0.310X_3 + \cdots - 0.222X_{11} - 0.283X_{12}$$

以各主成分的方差贡献率占三个主成分累计方差贡献率的比重为权重,计算各个省份的主成分得分,然后对三个主成分进行加权汇总,得出各省份滑雪目的地竞争力的综合得分Y_n,计算结果如表4-5所示。

$$Y_n = (44.064XF_{n.1} + 19.124XF_{n.2} + 18.021XF_{n.3})/81.209$$

表 4-5　各省份因子得分矩阵与排名

省份	成分 XF_1		成分 XF_2		成分 XF_3		综合 Y	
	得分	排名	得分	排名	得分	排名	得分	排名
安徽	−0.74307	26	−0.20770	15	−0.13524	15	−0.482	24

续　表

省份	成分 XF_1		成分 XF_2		成分 XF_3		综合 Y	
	得分	排名	得分	排名	得分	排名	得分	排名
北京	0.93170	5	3.10758	1	0.02456	12	1.243	2
福建	−0.75865	27	−0.10597	12	0.36769	8	−0.355	20
甘肃	−0.26428	16	−0.76038	27	−0.60674	23	−0.457	23
广东	−0.15843	13	−0.51027	23	3.57380	1	0.587	6
广西	−0.80021	28	−0.21648	16	−0.32991	20	−0.558	25
贵州	−0.65954	24	−0.88779	28	−0.20531	17	−0.612	27
河北	2.61016	1	−0.47210	22	0.18127	11	1.345	1
河南	0.12173	9	−0.38661	19	0.55859	6	0.099	12
黑龙江	1.73628	4	0.09914	9	−1.03742	28	0.735	5
湖北	−0.25691	15	−0.12974	13	0.53713	7	−0.051	15
湖南	−0.47479	18	−0.27752	18	0.31219	10	−0.254	19
吉林	2.12836	3	0.31395	7	−0.58289	22	1.099	3
江苏	−0.30199	17	0.51116	5	1.65177	2	0.323	9
江西	−0.72489	25	0.04722	10	0.00783	13	−0.380	21
辽宁	0.69828	6	0.43590	6	−0.91691	25	0.278	10
内蒙古	0.34824	8	−0.57430	24	−0.71397	24	−0.105	17
宁夏	−0.56292	19	−0.39072	20	−1.14548	30	−0.652	28
青海	−0.63763	22	−1.03168	29	−1.04934	29	−0.822	29
山东	0.49275	7	0.30365	8	0.84124	5	0.526	7
山西	0.04397	12	−0.43516	21	−0.29601	19	−0.144	18
陕西	0.09304	11	−0.24354	17	0.33467	9	0.067	13
四川	0.09430	10	−0.67218	25	1.25204	4	0.171	11
天津	−0.57441	20	2.22967	3	−1.18984	31	−0.051	15
新疆	2.31572	2	−1.05208	30	−0.18235	16	0.968	4
云南	−0.65236	23	−0.68402	26	−0.22491	18	−0.565	26
浙江	−0.24874	14	0.74726	4	1.35061	3	0.341	8
重庆	−0.58560	21	−0.06444	11	−0.33627	21	−0.408	22

续　表

省份	成分 XF_1		成分 XF_2		成分 XF_3		综合 Y	
	得分	排名	得分	排名	得分	排名	得分	排名
西藏	−1.08027	30	−1.13442	31	−1.01638	27	−1.079	31
上海	−1.04378	29	2.61202	2	−0.03981	14	0.040	14
海南	−1.08608	31	−0.17043	14	−0.98460	26	−0.848	30

　　从综合得分的整体情况来看,不同省份间滑雪旅游目的地的竞争力发展水平差异较大。31个省份目的地在滑雪场地核心要素、滑雪消费支撑要素、滑雪相关支持要素三个主成分的得分上差距较大、强弱分明。从综合得分及排名情况来看,河北、北京、吉林、新疆等14个省份滑雪旅游目的地的竞争力高于样本的平均水平,青海、海南、西藏等17个省份滑雪旅游目的地的竞争力远低于样本的平均水平。从地域分布来看,以黑龙江、吉林为代表的传统冰雪旅游发展强省和以河北、北京、新疆为代表的新兴滑雪旅游目的地的竞争力突出,以青海、海南、西藏为代表的西部和南方省份的竞争力非常薄弱,样本的整体竞争力呈现出华北、东北、西北强,东南、西南相对较弱的特征。第一,以滑雪场为核心要素的滑雪旅游对冰雪资源有着重度依赖性,是典型的资源依赖型产业,我国地理纬度跨度大,南北四季分明,滑雪场馆的冰雪资源在空间分布上不均匀,传统冰雪旅游强省与冬奥带动发展起来的新兴滑雪旅游目的地构成了我国滑雪旅游消费的热门区域;第二,滑雪旅游作为一项时尚、潮流的高消费活动,消费滑雪旅游产品的人群多来自经济较为发达的城市,且该部分人群人均可支配收入多、受教育程度较高,对滑雪旅游有着较高的热情;第三,滑雪旅游产业作为典型的现代服务业,是融合滑雪、休闲、食宿、装备等多种要素于一体的产业,目的地相关行业的支持和配套产业的发达程度也会影响滑雪旅游目的地的竞争力。

　　从各个主成分的角度来看:第一,对于主成分滑雪场地核心要素

（XF_1），河北、吉林、新疆、黑龙江四个省份的得分大于 1，说明这些省份的滑雪场馆核心要素的竞争力远高于整体的平均水平，具有明显的优势，而青海、西藏、海南的得分小于－1，说明这些省份在滑雪场馆核心要素上的竞争力远低于样本的平均水平，在滑雪场馆核心要素上处于劣势。第二，对于主成分滑雪消费支撑要素（XF_2），北京、上海、天津的得分都大于 2，说明这些省份的滑雪旅游消费能力大大高于样本整体的平均水平，是我国潜在的滑雪旅游消费人群的输出重地。甘肃、新疆、贵州、青海、西藏等地的本土滑雪旅游消费能力相对较弱。第三，对于主成分滑雪相关支持要素 XF_3，广东、江苏、浙江、山东、四川等地的得分大于 1，说明这些省份在餐饮、住宿等相关支持行业和配套的产业方面较为发达，具有明显的优势。而西藏、青海、宁夏等地的得分较低，处于竞争劣势，未来还需进一步发展。

下面从主成分 XF_1、XF_2 与 XF_3 的得分情况及组成成分的指标方面对河北、北京、吉林这三个我国滑雪目的地竞争力排名前三的省份进行如下分析。

第一，河北是全国滑雪目的地中最具竞争力的省份，综合排名第一。尽管河北省的消费能力要素与相关行业支持要素的得分较低，但其强大的场地核心要素使其综合竞争力跃升至全国第一。近年来，借助 2022 年北京冬奥会的契机以及地理区位优势，河北省兴建了万龙、云顶、太舞与富龙等一大批大型滑雪场，并凭借先进的滑雪硬件与软件设施吸引了大量来自北京及周边地区的消费者。

第二，北京是全国滑雪目的地中最具有发展潜力的地区，综合排名第二。在我国，相对于篮球、足球等传统体育项目而言，滑雪运动仍属于高消费、高危险且专业性较强的体育活动，滑雪消费者需要一定的经济基础与专业技术能力。北京作为我国的政治、经济与文化中心，集聚了大量的优质消费者，拥有巨大的滑雪消费市场。2023年，北京 14 个滑雪场的滑雪人次加起来共有 180 万，由此可见，北京滑雪场有限的场地可能承载了过多的滑雪消费者。为做好 2022 年冬奥会的承办工作,北京积极推广滑雪运动,并通过其强有力的辐射作用,带动周边省份滑雪市场的发展。但是,由于场地核心要素的制约,北京地区滑雪目的地的竞争力比不上河北。

第三,吉林作为我国滑雪行业的传统目的地,其综合排名居全国第三。吉林省具有丰富的冰雪自然资源,并建立了大型综合滑雪度假区,也因此成为我国滑雪旅游度假的最佳去处之一,吉林较为出名的有北大壶滑雪场、松花湖滑雪场及万达长白山滑雪场。相对于黑龙江省而言,吉林省滑雪场的数量较少,大约为黑龙江省的三分之一,但其在大型滑雪场(面积大于 50 公顷的滑雪场)的数量及当地消费需求方面优于黑龙江省。

第三节　滑雪目的地竞争力聚类分析

从我国 31 个省份滑雪目的地的市场竞争力综合得分情况可以看出,我国滑雪目的地的分布呈现出北强南弱、省份间发展水平极不平衡的状态。为找到不同省份滑雪目的地的相似性,并做出分类,本研究运用 SPSS 22.0 软件,采用组间连接法进行聚类分析,绘制聚类分析树状图与散点分布图,并进行详细分析。图 4-1 为我国 31 个省份滑雪目的地市场竞争力综合得分的聚类树状图与散点图。根据各省份的综合得分,将滑雪目的地的综合竞争力划分为五个等级:强竞争力梯队,河北、北京、吉林、新疆;较强竞争力梯队,黑龙江、辽宁、山东、江苏、浙江、广东;一般竞争力梯队,四川、陕西、湖北、河南、天津、内蒙古、山西、湖南、上海;较弱竞争力梯队,广西、云南、贵州、宁夏、安徽、甘肃、江西、重庆、福建;弱竞争力梯队,青海、海南、西藏。

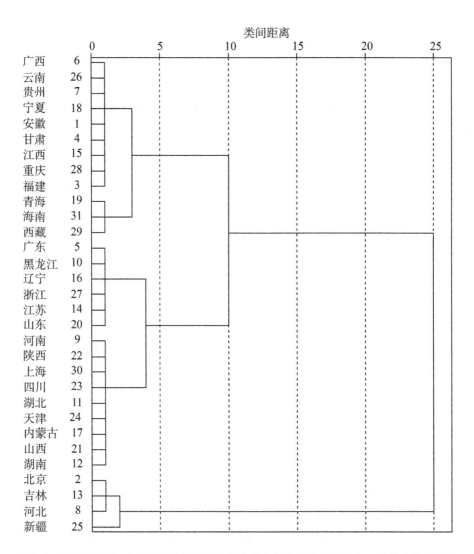

图4-1　基于我国 31 个省份滑雪目的地竞争力综合得分的聚类树状分布及散点分布情况

一、强竞争力梯队

河北、北京、吉林、新疆四个省份的综合得分最高,构成了拥有最强竞争力的滑雪旅游目的地梯队。

河北作为冬奥赛事的承办区域,从场地核心要素的角度来看,其建设了一批高端大气、满足国际滑雪赛事要求、适合大众滑雪旅游度假的高品质滑雪场馆,2023 年全省的总雪道面积达 771 公顷,2022—2023 年雪季的滑雪人次位列全国之首,大数量和高质量的滑雪场馆要素是支撑河北省滑雪旅游业保持较强竞争力的关键。在滑雪消费能力要素方面,河北省并不具备优势。由《中国统计年鉴2023》可知,河北省的人均可支配收入为 32903 元,仍低于全国平均水平的 39218 元,在全国中下游的行列,相比北京等地,河北地区居民的消费能力较弱。此外,河北省每 10 万人口中接受高等教育的平均在校生人数仅为 3070 人,同样低于全国平均水平的 3510 人。高校学生作为容易接受新鲜事物的大众群体,不仅是滑雪消费市场客群的重要组成部分,还是推广冰雪文化的载体。在餐饮、住宿及交通等相关行业支持要素方面,河北也处于中下水平。限额以上,即主营业务收入在 200 万元以上的住宿企业数占全国的 2%,其竞争力相对而言较为薄弱。滑雪是一项高消费项目,面对当地人口购买能力不足的问题,河北依托大型场地优势,吸引了北京等地具有强大支付能力的消费者,也因此成为我国重要的滑雪人次输入地区。作为冬奥赛事举办地,崇礼地区俨然成了河北的一张名片,河北崇礼作为国际赛事的举办地,依托地理位置优势及自然资源禀赋,建设了万龙、太舞与云顶等大型滑雪场,吸引了周边省份大量的滑雪爱好者。大量外地消费者的涌入进一步刺激了河北滑雪市场的发展,为满足市场需求,河北正加紧场地及相关基础设施建设,京张城际铁路通车以后,北京至崇礼往返仅需 50 分钟,这进一步增强了崇礼与北京地区的交流,加之张家口宁远机场也在扩建增加航线,这无疑将大大提高崇礼向外辐射的力度,为南方地区滑雪消费者的交通提供便利。

北京作为北京冬奥会的核心区,滑雪文化氛围浓厚,是我国滑雪目的地重要的客源地。在场地核心要素上,虽然其集聚的中小型滑雪场只有 14 座且滑雪面积只有 260 公顷(数据统计时间为 2023 年12 月),但是依托冬奥赛事集聚的首钢滑雪大跳台"雪飞天"、国家高山滑雪中心"雪飞燕"等不同滑雪项目的场馆夯实了北京滑雪体验消费的基础。在消费要素上,由《中国统计年鉴 2023》可知,北京的人均可支配收入为 81752 元,远高于全国平均水平的 39218 元。作为国际消费中心培育城市之一,北京汇集了一批素质高、购买力强且对滑雪运动充满热爱和向往的消费人群,不仅全面带动了北京市滑雪旅游的发展,也为河北崇礼等知名滑雪旅游目的地输送了大量客源。数据显示,北京每 10 万人口接受高等教育的平均在校生人数为 5397 人,远高于全国平均水平。在相关支持要素上,北京作为国际旅游大都市,吃住行娱游购的产业链条较为健全,各类中高端酒店、餐饮、民宿等配套服务较为多元,滑雪场多位于市郊附近或沿线,距离城区较近,滑雪场的交通便利度较高,交通、餐饮、住宿等配套服务能较好地满足滑雪市场的消费需求。

吉林作为我国滑雪旅游的传统目的地,资源禀赋组合优良,长白山脉位于世界黄金冰雪旅游带东北亚核心区,与欧洲阿尔卑斯山脉和北美落基山脉同处北纬 42°的世界黄金冰雪旅游带,是世界著名粉雪基地。从场地核心要素来看,吉林是我国大型滑雪场集聚程度较高的省份,拥有 75 家滑雪场,雪道总面积超 1200 公顷,其中入选国家级滑雪旅游度假地的滑雪场共有五家,排名全国第一,长白山脉一带先后开发的长白山国际、吉林北大湖、万科松花湖、长白山鲁能胜地、通化万峰等滑雪度假区多次获得"中国十佳滑雪度假区"等荣誉称号。在 2022—2023 年雪季,吉林省迎来了 203 万滑雪人次,位居全国第二,为提升吉林省冰雪旅游的吸引力和竞争力,吉林省持续发力,推出了总额 3000 万元的冰雪消费券、1000 万元的冰雪交通补贴、最高 800 万元的项目投资奖补资金。从消费要素来看,由《中国统计年鉴 2023》可知,吉林省的人均可支配收入为 37503 元,低于全国平均水平(39218 元),吉林省每 10 万人口接受高等教育的平均在校生人数为 4989 人,高于全国平均水平。在相关支持要素上,从主营业务收入在 200 万元以上的住宿企业数量来看,吉林的优势并不明显,但与滑雪相关的资源要素较为多元,如:吉林的雾凇,被誉为"中国四大自然奇观"之一;养生温泉富集,尤以大长白山区域高品质的氡泉康养价值最高;民俗史迹丰厚,农耕、渔猎、游牧三种中国传统文化汇聚吉林,延边的冰雪旅游资源与长白山风光游、朝鲜族民俗风情游、跨国跨境游、生态旅游、冰雪旅游、红色旅游、汽车自驾游等构成了多样化的滑雪旅游立体发展格局。调研发现,当前吉林滑雪交通的便利度仍有待进一步提高。以长白山脉一带的通化市为例,当前旅游交通、旅游停车场的建设标准不高,通往冰雪景区的高速公路和等级公路引导标识不多,旅游交通节点的游客咨询服务中心、旅游集散中心、厕所等功能设施不健全。

新疆地处亚欧大陆腹地,其冰雪文化底蕴深厚,是我国滑雪旅游产业发展的后起之秀。从场地核心要素来看,2024 年新疆开发的滑雪场总面积达 1615 公顷,是我国滑雪旅游最具发展潜力的地区,区域内的阿勒泰、克拉玛依、石河子、乌鲁木齐、昌吉、塔城等地区具备建设大型滑雪度假区的山形地貌和冰雪资源。新疆大多数大型知名的滑雪场集聚在阿尔泰山脉一带,规模较大的有乌鲁木齐丝绸之路国际滑雪场、阿勒泰将军山旅游滑雪场、阿尔泰山野雪公园、可可托海国际滑雪场等。其中,丝绸之路国际滑雪场和天山天池滑雪场作为国家体育训练基地也达到了一流水平。可可托海高山滑雪(滑降)场地是我国第一个标准化高山滑雪(滑降)训练场地,也为国家队训练提供了有力保障。从消费支撑要素来看,2023 年新疆的人均可支配收入为 28947 元,远低于全国的平均水平。根据 2023 年第四季度的数据,新疆的滑雪场共接待游客 248.55 万人次,实现旅游收入3.03 亿元。主要滑雪度假区成为吸引客流的"大户":阿勒泰将军山国际滑雪度假区接待游客 71.22 万人次,可可托海国际滑雪度假区接待游客 32.41 万人次,吉克普林国际滑雪度假区接待游客 24.68

万人次,那拉提国际滑雪度假区接待游客 23.20 万人次①。以滑雪为牵引的冬季旅游收入已成为当地最重要的经济支柱,游客多来自福建、广东、上海、浙江、江苏等南方省份。显然新疆成了我国滑雪旅游的重要目的地。从相关支持行业来看,新疆地区的滑雪场馆、冰雪基地、冰雪小镇及度假区等均处于山区,外部交通网络相对薄弱,公路等级低、路况差,电力、供热、供水、排水、停车场、医疗保障、应急救援、通信等基础设施建设滞后。除此之外,还有滑雪产业专业性人才不足的问题,冰雪运动教练员、滑雪指导员,以及冰雪场馆建造与维护、管理与服务等专业人才的短缺给该地区冰雪产业的发展带来了巨大的挑战。

二、较强竞争力梯队

黑龙江、辽宁、山东、江苏、浙江、广东六个省份综合竞争力得分较高,共同构成具有较强竞争力的滑雪旅游目的地梯队。

黑龙江作为我国滑雪运动走向产业化发展道路的发生地和见证地,称得上是我国滑雪产业发展的"元老"。从场地核心要素来看,黑龙江的滑雪场馆数量位列全国第一,雪道面积位居全国前列,但是该地的滑雪场多为用于滑雪一日游的体验型中小型滑雪场,5S 级别的能够用于滑雪旅游度假、国际滑雪竞赛的大规模滑雪度假区的数量较少。在消费要素上,由《中国统计年鉴 2023》可知,黑龙江的人均可支配收入为 29694 元,远低于全国平均水平,黑龙江每 10 万人口接受高等教育的平均在校生人数为 3734 人,高于全国的平均水平。在相关支持要素上,从主营业务收入在 200 万元以上的住宿企业数和餐饮企业数来看,黑龙江滑雪旅游配套服务的优势并不明显,但是

---

① 接待游客超 4000 万人次! 今年一季度新疆文旅市场"春意盎然"[EB/OL]. (2024-04-09)[2024-07-01]. https://www.xinjiang.gov.cn/xinjiang/bmdt/202404/3142b43da63b4c17b393f20ae5a0556f.shtml.

黑龙江作为我国滑雪产业起步较早的优势地区,在滑雪装备制造、滑雪文化积淀、滑雪人才培育等方面独树一帜,是我国滑雪行业的标杆。

辽宁是我国冰雪运动发展的传统强省,承办了2028年第十五届全国冬季运动会。从场地核心要素来看,2023年12月辽宁的滑雪场总数为34家,雪道总面积为266公顷,位居全国第七,架空索道有28条,位居全国第六。总体来看,辽宁的滑雪场多以中小型、休闲体验型为主,缺乏能够用于滑雪度假、举办国际性竞技赛事等的大规模高品质滑雪场,未来需借助冬季运动会的契机补齐短板,助力提升辽宁省滑雪旅游场馆供给的影响力和竞争力。从滑雪消费支持要素来看,2023年辽宁的人均可支配收入为37992元,稍低于全国的平均水平。从调研了解得知,辽宁各大滑雪场接待的游客多为省内客群。从相关行业支持要素来看,辽宁省的滑雪相关行业支持因子排名全国第十,处于全国中上游水平。

2023年12月,山东集聚的中小型滑雪场达60家,滑雪面积(207公顷)、滑雪人次(83万)均位列我国省域排行榜前十,作为我国的人口大省,山东省的GDP和人均GDP均较高,滑雪旅游市场供给和消费需求的适配性整体较为均衡。而浙江、广东作为南方省域,能跻身较强竞争力梯队与其拥有较高的滑雪参与率有非常大的关系。2023年12月,浙江拥有滑雪场16家,该数量位居南方省份中的第一,浙江省体育局的数据显示,2022年雪季16座滑雪场承载了143.3万的滑雪人次,产值达2.3亿元,增长达20.74%。而广东依托广州融创室内滑雪场,满足了该地大量滑雪爱好者和消费人群的需求,该室内滑雪场从2019年6月开业至2022年2月,接待滑雪人次超过200万。

三、一般竞争力梯队

四川、陕西、湖北、河南、天津、内蒙古、山西、湖南、上海等九个省份构成滑雪旅游一般竞争力梯队,这一梯队中滑雪旅游目的地的综合得分处于样本整体的平均水平,整体的竞争优势不明显。在第一主成分滑雪旅游场地核心要素上,该梯队中的大部分省域发展滑雪旅游的气候条件、山体资源等匮乏,大规模、高落差、能够满足滑雪旅游度假和滑雪竞赛的滑雪场少,相应的发展滑雪旅游的历史底蕴、人文条件和政策环境也较为一般。值得一提的是,在北京冬奥会和市场消费的驱动作用下,湖北、四川、湖南等地兴起了室内滑雪场馆的建设,这也成为后冬奥时代全球滑雪市场上极具中国特色的一道亮丽风景线。在第二主成分滑雪消费基础要素上,作为我国整体发展水平高、经济运行状况好、消费能力强的沿海地区,上海、天津的得分较高,分列第二、第三,在滑雪消费和购买力上表现出较强的竞争力,拥有大量的客户群体。由于滑雪旅游场地要素的得分不高,加之该梯队滑雪旅游目的地在第三主成分相关支持要素上的竞争力表现一般,所以该梯队的综合得分不高,整体竞争力较为一般,但其是我国东北、西北、华北等地区知名滑雪旅游目的地的重要客群来源。天津经济发展较好,居民消费能力较强,是我国重要的滑雪人才输出区域。除此之外,东部沿海地区的上海等地的经济发展状况好并且居民收入水平高,因此是滑雪目的地重要的目标客户来源地。

四、较弱竞争力梯队

广西、云南、贵州、宁夏、安徽、甘肃、江西、重庆、福建等九个省份构成滑雪旅游较弱竞争力梯队,这一梯队中的所有省份的滑雪旅游目的地的综合得分均低于样本整体的平均水平。这一梯队中绝大部分省份位于长江以南的亚热带区域,冬季气候相对温和,地形以丘陵为主,可用于发展滑雪旅游的气候、山地资源极少,滑雪场存量多为个位数。2023年12月,贵州依托丰富的山地资源形成的小气候优势兴建了九家小型滑雪场,而广西、江西、福建均仅有两家单体小型滑雪场,重庆、云南则兴建了室内滑雪乐园和商业综合体。作为缺乏冰雪资源的地域,北冰南展西扩东进战略的持续推进全面激活了该梯队内各省份的大众滑雪消费需求,福建、重庆、江西等地是东北一带滑雪目的地的重要客群输送地。

五、弱竞争力梯队

青海、海南、西藏在滑雪旅游目的地竞争力方面的综合得分远远低于样本整体的平均水平,综合竞争力十分薄弱。总体来看,这三个省份适合开发建设滑雪场馆的气候条件、山体资源、人文环境均不优。青海地处西北内陆,山脉纵横、山体险峻,道路通达性不高,经济欠发达,目前仅有几家小型滑雪场。西藏素有"世界屋脊"和"地球第三极"之称,平均海拔在4000米以上,整个地区的空气较为稀薄,含氧量低,气象灾害频发,环境不适合人类生产生活,亦不适合开发建设滑雪场馆。海南属热带季风海洋性气候,年平均气温在22.5℃至25.6℃,不具备发展滑雪旅游的气候条件和自然环境。

第四节　31个省份的滑雪目的地汇总

本节围绕31个目的地省份滑雪旅游市场展开竞争力分析,最后得出各个省份的竞争力排名并分析其优势和劣势。依据《中国统计年鉴2023》对全国各省份的地理划分,将我国31个目的地省份划分到各个区域,并对各个区域的总分与各省份的平均分进行计算。从表4-6中可以看出按地区总分进行排名的顺序依次为华北、东北、华东、华中、华南、西南与西北。

表 4-6　**各省份及所属区域的得分及聚类汇总**

省份	综合得分	排名	聚类类别	地区	地区总得分	地区内的省份平均分
北京	1.243	2	Ⅰ			
天津	−0.051	15	Ⅲ			
河北	1.345	1	Ⅰ	华北	2.288 (**2.537**)	0.4576 (**0.850**)
山西	−0.144	18	Ⅲ			
内蒙古	−0.105	17	Ⅲ			
辽宁	0.278	10	Ⅱ			
吉林	1.099	3	Ⅰ	东北	2.112	0.7040
黑龙江	0.735	5	Ⅱ			
江苏	0.323	9	Ⅱ			
浙江	0.341	8	Ⅱ			
山东	0.526	7	Ⅱ			
上海	0.040	14	Ⅲ	华东	0.013	0.0019
安徽	−0.482	24	Ⅳ			
福建	−0.355	20	Ⅳ			
江西	−0.380	21	Ⅳ			
河南	0.099	12	Ⅲ			
湖北	−0.051	15	Ⅲ	华中	−0.206	−0.0687
湖南	−0.254	19	Ⅳ			
广东	0.587	6	Ⅱ			
广西	−0.558	25	Ⅳ	华南	−0.819	−0.2730
海南	−0.848	30	Ⅴ			
重庆	−0.408	22	Ⅳ			
四川	0.171	11	Ⅲ			
贵州	−0.612	27	Ⅳ	西南	−2.493	−0.4986
云南	−0.565	26	Ⅳ			
西藏	−1.079	31	Ⅴ			

续　表

省份	综合得分	排名	聚类类别	地区	地区总得分	地区内的省份平均分
陕西	0.067	13	Ⅲ			
甘肃	−0.457	23	Ⅳ			
新疆	0.968	4	Ⅰ	西北	−0.896	−0.1792
青海	−0.822	29	Ⅴ			
宁夏	−0.652	28	Ⅳ			

注:表中括号内字体加粗的数据为京津冀区域的总分及平均分。

根据聚类分析的结果,华北地区五个省份内有竞争力最强的河北(Ⅰ类)和竞争力较强的北京(Ⅱ类),两省份的综合得分排名分别为第一、第二。然而,华北地区的天津、山西与内蒙古这三个省份的综合得分较低,与河北和北京的综合得分差距大,均处于中下游水平,为竞争力一般的Ⅲ类区域,其拉低了华北地区的综合得分。东北地区有竞争力较强的黑龙江与吉林,以及排名第七的辽宁,虽然地区整体实力较强,但仍略逊于华北地区。最后回归本书的研究范畴——京津冀区域,通过计算可得华北地区的河北、北京、天津三个省份的综合得分为 2.537 分,平均分为 0.850 分,与之不相上下的是东三省区域(该区域内各省份的得分均大于 2),其综合得分为 2.112,地区内的省份平均分为 0.7040,称得上是京津冀区域的主要竞争对手区域。

第五节　本章小结

本章着重分析我国 31 个省份滑雪目的地的市场竞争力。通过因子分析法,计算出了我国 31 个省份目的地滑雪市场的竞争力得分及排名。在此基础上,运用聚类分析法探索 31 个省份目的地滑雪市场竞争力水平的趋同性,从本章聚类分析的结果可以看出,河北、北京、吉林、新疆分列全国第一、第二、第三、第四,属于强竞争力梯队。

而京津冀区域的天津属于第三梯队，是竞争力较为一般的省份。东北地区的辽宁属于第二梯队，是竞争力较强的省份。根据各省份的地理区域划分，结合本章第三节的分析结果，可以看出京津冀滑雪目的地的综合得分高于其他地区，是全国滑雪目的地最具竞争力的区域，其中东北地区的综合得分与京津冀区域的综合得分不相上下，是京津冀区域滑雪目的地最强劲的竞争对手。

第五章 京津冀与同处一个竞争力水平梯队的滑雪目的地的实证分析

　　通过对我国 31 个省份目的地滑雪旅游市场展开竞争力分析,基本找到了京津冀区域滑雪目的地的优势和劣势以及与其同处一个竞争力水平梯队的区域,即东北地区。根据第四章的因子分析和聚类分析的研究结果,可知天津(排名第 15,Ⅲ类竞争力区域)与辽宁(排名第 10,Ⅱ类竞争力区域)不具备竞争优势,故选择以河北、北京为代表的京津冀区域和以黑龙江、吉林为代表的东北地区进行更加细致的区域竞争力分析。

　　本章采用分层抽样法,选取样本滑雪场,以滑雪场的占地面积为分层依据,参考《2022—2023 中国滑雪产业白皮书》中的数据。首先,以滑雪面积大于 50 公顷为依据,抽取了黑龙江和吉林的五家滑雪场(万达长白山滑雪场、万科松花湖滑雪场、北大壶滑雪场、亚布力阳光滑雪场、通化万峰滑雪场),以及北京和河北的五家滑雪场(万龙滑雪场、云顶滑雪场、太舞滑雪场、富龙滑雪场、国家高山滑雪中心)。其次,以滑雪面积在 10—50 公顷为依据,各抽取五家面积接近 50 公顷的滑雪场(位于黑龙江和吉林的长白山鲁能滑雪场、长春庙香山滑雪场、亚布力新体委滑雪场、帽儿山滑雪场、长春天定山滑雪场;位于北京和河北的多乐美地滑雪场、翠云山银河滑雪场、金山岭滑雪场、南山滑雪场、渔阳滑雪场),最终形成包含 20 家滑雪场的抽样样本。

第一节　竞争力指标体系 D_2 的构建与数据来源

一、指标体系 D_2 的构建及指标说明

(一)指标体系构建

结合第四章的研究结果,即与以河北和北京为主的京津冀区域处于同一竞争力水平梯队的区域是以吉林和黑龙江为主的东北地区,本章主要围绕滑雪目的地的狭义层面(即滑雪场)进行剖析。本节以滑雪场的构成为依据,从场地要素、设备要素及相关配套要素三个方面出发,并结合专家的意见,最终确定雪道面积、滑雪人次、雪道总长度等 13 个与滑雪场密切相关的指标,构建滑雪目的地竞争力指标体系 D_2,具体的指标体系内容如表 5-1 所示。

表 5-1　滑雪目的地竞争力指标体系 D_2

目标层	一级指标	二级指标	单位
滑雪目的地竞争力指标体系 D_2	场地要素	雪道面积 Z_1	公顷
		雪道数量 Z_2	条
		雪道总长度 Z_3	千米
		高级道数量 Z_4	条
	设备要素	造雪机数量 Z_5	台
		架空索道数量 Z_6	条
		魔毯和拖牵数量 Z_7	条
	相关配套要素	停车泊位数 Z_8	个
		住宿可接待人数 Z_9	人
		教练员数量 Z_{10}	人
		可租赁滑雪板数量 Z_{11}	副
		可租赁滑雪服数量 Z_{12}	套
	市场要素	滑雪人次 Z_{13}	万人次

(二)指标说明

Z_1(雪道面积):是指滑雪场雪道上覆盖雪地总面积之和,雪道面积是反映滑雪场规模的重要指标之一。一般情况下,雪道面积越大说明一次性能够容纳的滑雪人数越多。

Z_2(雪道数量):一般情况下,雪道是根据山形地貌特征,通过人工设计造就的。雪道数量与雪道面积通常联系紧密。雪道数量的多少一方面反映了滑雪场的规模,同时也反映了滑雪场的容纳量。根据地形的陡缓程度,雪道也有着多样化的分类,如坡度较缓的初级道、坡度适中的中级道、坡度较陡的高级道,除此之外,还有公园道U形槽、猫跳道与雪圈道等。

Z_3(雪道总长度):是指滑雪场所有雪道长度的总和。单条雪道越长说明一次性能够容纳的滑雪消费者数量越多,较长的雪道通常能给消费者带来良好的体验。一般情况下,雪道总长度与雪道面积及雪道数量有关。

Z_4(高级道数量):高级道通常也叫作黑道,其山体落差一般较大,是具备较高滑雪技能的爱好者所钟爱的类型。高级道的设计对山体落差有一定的要求。一般情况下,高级道数量较多的滑雪场大都远离城市中心地区。

Z_5(造雪机数量):造雪机是人工造雪的重型设备之一,用于弥补自然降雪的不足,是大型滑雪场必不可少的设备之一。一般而言,对于自然降雪充沛的滑雪场,其造雪机的需求要低于自然降雪不足的地区。人工降雪与自然降雪双管齐下通常能造就更好的雪质,给滑雪消费者带来更美好的体验。

Z_6(架空索道数量):在这里是指滑雪场的运力设备。架空索道的数量在一定程度上反映了滑雪场的运载效率,是衡量滑雪场规模的重要指标之一,增加架空索道的数量有利于改善滑雪消费者的体验。

Z_7(魔毯和拖牵数量):魔毯和拖牵均为初中级雪道的运行设备,

初级、中级滑雪水平的消费者使用较多,且多用于近郊中小型滑雪场。

Z_8(停车泊位数):作为滑雪场的配套服务,停车泊位数的多少在一定程度上会影响滑雪场的接待服务能力。不论是大型滑雪场还是近郊的中小型滑雪场,停车泊位数是滑雪场规划建设过程中必须考虑的要素之一。

Z_9(住宿可接待人数):宾馆及床铺的数量能够反映住宿可接待人数。作为滑雪场的重要配套服务,住宿的容纳量与滑雪场的规模相关。一般情况下,远郊的大型滑雪度假区的住宿接待容纳量要大于近郊的中小型滑雪场。实践证明,住宿配套设施的完善还有利于滑雪场四季运营的开展。

Z_{10}(教练员数量):具备一定滑雪教学能力的教练员数量的多少一方面可以反映出滑雪场的消费者对滑雪指导的需求情况,另一方面也可以反映出滑雪场的教学配套情况,是衡量滑雪场配套服务能力和水平的指标。

Z_{11}(可租赁滑雪板数量):滑雪板作为滑雪必不可少的工具,是滑雪消费者参与滑雪运动的标配。初级滑雪消费者多采取租赁滑雪板的方式参与滑雪运动,而结合初级滑雪消费者多活跃在近郊中小型滑雪场的实际情况,这一指标在一定程度上反映了滑雪场的规模及消费者的类型。

Z_{12}(可租赁滑雪服数量):相对于滑雪板对滑雪者的必要性,是否穿着专业的滑雪服则显得没那么重要。一般情况下,技术水平较高的滑雪爱好者通常会自己购置滑雪服装及器材,滑雪服的租赁一般是针对初中级滑雪消费者的,此外,其数量的多寡在一定程度上也能反映出滑雪场的主要消费者类型。

Z_{13}(滑雪人次):是指单位主体在滑雪场进行活动次数的总和,与滑雪人数不同,前者包括同一主体重复出现的次数,而后者则是不同主体的总数。滑雪人次是反映地区滑雪市场受欢迎程度的重要指标。

二、指标数据来源

本研究分别从北京和河北、黑龙江和吉林两个区域中各选取面积排名前十的具有竞争力的滑雪场（总计 20 家滑雪场）展开两个区域的竞争力分析。指标数据来源渠道包括以下三个方面。

第一，通过滑雪场的官方网站、微信公众号等途径直接查询数据，获得滑雪场的雪道面积、造雪机数量、雪道数量、架空索道数量、魔毯和拖牵数量、可租赁滑雪板数量，以及可租赁滑雪服数量、高级道数量、住宿可接待人数、停车泊位数等信息。

第二，通过网络资料收集、电话咨询并对其进行梳理汇总以获得数据，比如住宿可接待人数这一指标，笔者结合滑雪场工作人员提供的房间数量及床铺数量信息，通过估算获得数据。

第三，通过实地调研、微信访谈等方式向滑雪场管理人员了解信息，以直接或间接获得数据，如滑雪场的教练员人数（一些滑雪场官网上有公开的数据）、滑雪场的滑雪人次等。

本书采用 2022—2023 年雪季的数据进行滑雪目的地竞争力分析。

第二节　京津冀与东北地区滑雪目的地竞争力因子分析

一、数据处理与成分提取

首先，采用 SPSS 22.0 软件对 20 个滑雪场的 13 个指标数据进行标准化处理及指标相关性检验，数据详见附录 E，并进行 KMO 检验与巴特利特球形检验，结果如表 5-2 所示。其中，KMO 值为 0.648，大于 0.5，指标数据的相关性满足因子分析的要求，巴特利特球形检验的近似卡方值为 298.028，自由度为 78，检验的显著性概率为 0.000，小于显著性水平 0.05，因此该因子模型适合进行因子分析。

表 5-2 20个滑雪场的指标体系数据 KMO 检验与巴特利特球形检验

检验		数值
KMO 检验		0.648
巴特利特球形检验	近似卡方	298.028
	自由度 df	78
	显著水平 Sig.	0.000

其次,利用主成分分析法提取指标中各成分的特征值、方差贡献率以及累计方差贡献率,选取特征值大于1,且累计方差贡献率大于80%的成分作为指标体系的主成分。从表 5-3 中可以看出,只有前三个因子的特征值大于1,且累计方差贡献率达 83.127%,大于80%,满足公共因子提取要求。因此,提取前三个因子为主因子作为反映滑雪场竞争力的信息量可以被认为是有效的,主成分的编号依次为 ZF_1、ZF_2 与 ZF_3。

表 5-3 公共因子的特征值及方差解释

成分	初始特征值			提取载荷平方和			旋转载荷平方和		
	总计	方差贡献率/%	累计方差贡献率/%	总计	方差贡献率/%	累计方差贡献率/%	总计	方差贡献率/%	累计方差贡献率/%
1	7.654	58.875	58.875	7.654	58.875	58.875	5.254	40.412	40.412
2	2.059	15.837	74.713	2.059	15.837	74.713	3.477	26.747	67.159
3	1.094	8.415	83.127	1.094	8.415	83.127	2.076	15.969	83.127
4	0.973	7.485	90.612	—	—	—	—	—	—
5	0.422	3.249	93.861	—	—	—	—	—	—
6	0.305	2.347	96.208	—	—	—	—	—	—
7	0.238	1.828	98.036	—	—	—	—	—	—
8	0.088	0.679	98.715	—	—	—	—	—	—
9	0.073	0.564	99.280	—	—	—	—	—	—
10	0.043	0.327	99.607	—	—	—	—	—	—

续　表

成分	初始特征值			提取载荷平方和			旋转载荷平方和		
	总计	方差贡献率/%	累计方差贡献率/%	总计	方差贡献率/%	累计方差贡献率/%	总计	方差贡献率/%	累计方差贡献率/%
11	0.030	0.231	99.838	—	—	—	—	—	—
12	0.013	0.102	99.940	—	—	—	—	—	—
13	0.008	0.060	100.000	—	—	—	—	—	—

二、成分命名与内涵解释

由正交旋转后的主成分载荷矩阵表 5-4 可以看出以下几点。

表 5-4　正交旋转后的系数矩阵

指标	成分 ZF_1	成分 ZF_2	成分 ZF_3
雪道面积 Z_1	0.883	0.341	−0.003
雪道数量 Z_2	0.945	0.222	0.055
雪道总长度 Z_3	0.858	0.334	−0.136
高级道数量 Z_4	0.741	0.561	−0.147
造雪机数量 Z_5	0.581	0.574	−0.169
架空索道数量 Z_6	0.729	0.532	−0.120
魔毯和拖牵数量 Z_7	0.353	−0.218	0.654
停车泊位数 Z_8	0.322	0.876	−0.102
住宿可接待人数 Z_9	0.567	0.777	−0.042
教练员数量 Z_{10}	0.337	0.823	0.167
可租赁滑雪板数量 Z_{11}	−0.167	−0.102	0.878
可租赁滑雪服数量 Z_{12}	−0.117	0.214	0.850
滑雪人次 Z_{13}	0.850	0.346	0.168

第一，主成分 ZF_1 主要包含雪道面积 Z_1、雪道数量 Z_2、雪道总长度 Z_3、高级道数量 Z_4、造雪机数量 Z_5、架空索道数量 Z_6、滑雪人次 Z_{13} 七个指标。这些指标与滑雪场的建设息息相关，是专业大型滑雪

场建设的重点。因此，ZF_1可命名为专业基础设施。

第二，主成分ZF_2主要包含停车泊位数Z_8、住宿可接待人数Z_9、教练员数量Z_{10}三个指标。住宿、泊车位、教练员等均为滑雪场的配套设施。因此，ZF_2可命名为配套服务设施。

第三，主成分ZF_3主要包含魔毯和拖牵数量Z_7、可租赁滑雪板数量Z_{11}、可租赁滑雪服数量Z_{12}三个指标，这些指标在一定程度上体现了消费者的属性。因此，ZF_3可命名为市场消费者类型。

三、得分计算与结果分析

根据正交旋转后的因子载荷矩阵，写出每个滑雪场主成分$ZF_{n.1}$、$ZF_{n.2}$与$ZF_{n.3}$的得分计算表达式：

$$ZF_{n.1}=0.883Z_1+0.945Z_2+0.858Z_3+\cdots-0.117Z_{12}+0.850Z_{13}$$
$$ZF_{n.2}=0.341Z_1+0.222Z_2+0.334Z_3+\cdots+0.214Z_{12}+0.346Z_{13}$$
$$ZF_{n.3}=-0.003Z_1+0.055Z_2-0.136Z_3+\cdots+0.850Z_{12}+0.168Z_{13}$$

以各主成分的方差贡献率占三个主成分累计方差贡献率的比重作为权重，计算各个滑雪场的主成分得分，然后对三个主成分进行加权汇总，得出各滑雪场目的地竞争力的综合得分T_n，计算结果如表5-5所示。

$$T_n=(40.412ZF_{n.1}+26.747ZF_{n.2}+15.969ZF_{n.3})/83.127$$

表5-5 各滑雪场因子得分矩阵与排名

滑雪场名称	成分ZF_1	成分ZF_2	成分ZF_3	综合得分T	排名
万龙滑雪场	0.50727	1.63479	−0.48578	0.68	4
云顶滑雪场	0.66365	0.55932	−0.80700	0.35	6
太舞滑雪场	0.60164	0.44962	0.17501	0.47	5
富龙滑雪场	0.91673	−0.23938	−0.45712	0.28	7
多乐美地滑雪场	−0.97748	0.20178	−1.20001	−0.64	16
翠云山银河滑雪场	−0.95451	0.26679	−0.79161	−0.53	15

续　表

滑雪场名称	成分 ZF_1	成分 ZF_2	成分 ZF_3	综合得分 T	排名
金山岭滑雪场	-1.12037	0.47085	-0.20108	-0.43	13
国家高山滑雪中心	-0.50361	1.92943	-0.70631	0.24	8
南山滑雪场	0.46459	-1.40398	1.68224	0.10	10
渔阳滑雪场	-1.69449	1.24292	2.76352	0.11	9
万达长白山滑雪场	0.75169	0.16025	1.71707	0.75	3
北大壶滑雪场	2.45146	0.35894	-0.25243	1.26	1
万科松花湖滑雪场	1.15757	0.87708	0.40482	0.92	2
长白山鲁能滑雪场	-0.53796	-1.19093	-0.14097	-0.67	18
长春天定山滑雪场	-0.46770	-1.36540	-0.13808	-0.69	19
通化万峰滑雪场	0.84042	-1.26768	0.12706	0.03	11
长春庙香山滑雪场	-0.30454	-1.18689	0.03047	-0.52	14
亚布力阳光滑雪场	-0.35142	-0.19884	0.00952	-0.23	12
亚布力新体委滑雪场	-0.36723	-0.84675	-1.05568	-0.65	17
帽儿山滑雪场	-1.07572	-0.45190	-0.67363	-0.80	20

由表 5-5 中所展示的综合得分及排名方面可知,北大壶滑雪场以 1.26 分的优势摘得魁首,而万科松花湖滑雪场则以 0.92 的分值排名第二,紧随其后的是万达长白山滑雪场,以 0.75 的分值位列第三,万龙滑雪场则以 0.68 的分值位列第四,可以看出,在这四家滑雪场中,北大壶滑雪场的优势明显,而其他三座滑雪场的竞争力不分伯仲。第五名与第六名分别为太舞滑雪场和云顶滑雪场,得分分别为0.47 分和 0.35 分,与前四名滑雪场存在一定的差距。富龙滑雪场(0.28 分)、国家高山滑雪中心(0.24 分)、渔阳滑雪场(0.11 分)、南山滑雪场(0.10 分)与通化万峰滑雪场(0.03 分)的分数依次递减,并且逐渐拉开差距。除此之外,其他滑雪场的综合得分排名都低于总体的平均水平,均为负数,如金山岭、亚布力新体委、帽儿山、长春庙香山等滑雪场。从表 5-5 中可以看出,低于整体平均水平的滑雪场

（得分为负数）在竞争力方面也存在着强弱分明的态势。

在综合排名前五的滑雪场中，京津冀地区仅有万龙滑雪场与太舞滑雪场，两者得分的平均值小于东北地区；然而在综合排名前十的滑雪场中，京津冀地区有七家，虽然得分总和高于东北地区，但其平均值仍小于东北地区；对 20 家滑雪场的整体样本而言，京津冀地区的综合竞争力要高于东北地区。由此可见，东北地区虽然有万达长白山、万科松花湖与北大壶等知名大型滑雪场占据前排优势，但存在较多小型的滑雪场，整体方差较大，存在较为严重的两极分化问题；而京津冀地区虽在顶级大型滑雪场建设方面竞争力略有不足，但有较多的中间支持力量，比如太舞、富龙等滑雪场。相关数据如表 5-6 所示，因得分数据为无量纲的标准化数据，得分的均值为 0，且方差为 1。

表 5-6　两个地区前五名和前十名滑雪场的竞争力比较

范围	京津冀地区		东北地区	
	总和	平均值	总和	平均值
前五名	1.15	0.575	2.93	0.980
前十名	2.23	0.319	2.93	0.980
所有滑雪场	0.63	0.063	−0.06	−0.060

第三节　京津冀与东北地区滑雪目的地竞争力聚类分析

依据上一节的统计分析得出，20 家滑雪场在竞争力上存在着明显的强弱差异。为进一步明晰不同滑雪场之间的趋同性，本节以各个滑雪场的综合得分为统计量分类指标，运用 SPSS 22.0 软件，采用组间连接法进行聚类分析，绘制聚类分析树状图与散点分布图，并对结果进行详细分析。接下来我们将滑雪场的竞争梯队分为竞争力最强梯队、竞争力较强梯队、竞争力一般梯队。

一、竞争力最强梯队

北大壶滑雪场、万科松花湖滑雪场、万达长白山滑雪场、万龙滑雪场均属于竞争力最强梯队。对这四家滑雪场的场地专业基础设施、场地配套服务设施以及市场消费类型的具体分析如图 5-1 所示。

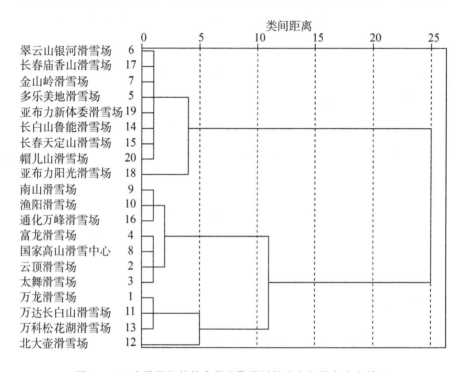

图 5-1　20 家滑雪场的综合得分聚类树状分布与散点分布情况

(一)场地专业基础设施方面

北大壶滑雪场的雪道面积约 200 公顷,开发落差高达 870 米,这使其成为亚洲落差最大的滑雪场之一,较大的雪道落差为雪道多样化提供了可能。2023 年 12 月,北大壶滑雪场官网数据显示,其共有 64 条雪道,总长度达 72 千米,其中有 19 条国际标准雪道、10 千米的越野雪道,以及自由式雪上技巧和空中技巧雪道、单板 U 形槽场地等。为满足滑雪消费者的需求,北大壶滑雪场配备了 11 条滑雪索道,多样化的专业雪道及高速缆车的配备使其不仅成为滑雪消费者的滑雪天堂,更被用作国内冬奥项目的集训中心。作为亚洲最大的滑雪度假区之一,曾成功举办全国第八届、第九届冬季运动会和第六届亚洲冬季运动会雪上项目比赛,被亚洲滑雪联合会评为"中国目前能够举办冬奥会雪上项目全部比赛的唯一场地"。除此之外,北大壶还享有国家 AAAA 级景区、国家体育产业示范单位、国家体育旅游产业示范基地、国家级滑雪旅游度假地等多项荣誉。

万龙滑雪场于 2003 年开业,属于建设时间相对较早的滑雪场,其场地基础设施随着市场需求的扩张正在逐步完善。种类较多的高级雪道以及广阔而又刺激的野雪道使其成为高水平滑雪爱好者的钟爱之地。官网显示,万龙滑雪场有 32 条雪道,其中高级道的数量达 22 条(占比为 68.75%),符合国际奥林匹克委员会(简称国际奥委会)冬季奥运会比赛要求的雪道有六条,这些雪道可为大小回转以及单板、自由式等比赛项目服务。万龙滑雪场雪道的总长度达 36.5 千米,垂直落差为 550 米,最高处海拔可达 2110 米,具有种类多、距离长、落差大的特点,并以惊险刺激著名,因此吸引了大批滑雪爱好者。此外,为提高滑雪消费者的体验感,万龙滑雪场从增加架空索道和造雪机等专业设施出发,共配备七条架空索道、400 多台造雪机,通过提高滑雪场提升设备的运载能力以及创造更好的雪质来达到提升滑雪消费者的个人体验感的目的。专业的硬件设备加上滑雪场提供的高品质及精细化服务,为万龙滑雪场赢得了良好的口碑。

万科松花湖滑雪场作为国内为数不多的具备专业场地条件的滑雪场,具有较长的发展历史。1987 年 3 月,第六届全国冬季运动会的雪上运动项目在此举办。作为早期发展起来的滑雪场,经过时间的洗礼,2023 年 12 月万科松花湖滑雪场的总面积达 200 公顷,落差为 605 米,共有 41 条优质雪道,总长度达 45 千米,拥有五条符合国际赛事标准的高级雪道,满足承办国内外大型赛事的场地要求,万科集团从奥地利、意大利等国家引进了世界一流的索道、压雪机、造雪系统等设备。

万达长白山滑雪场的场地专业化程度也比较高,2023年12月,其雪道面积达120公顷,雪道数量达36条,雪道总长度达33千米,其中满足冬奥会比赛要求的雪道数量多达九条,并设有国际标准的单板U形槽场地以及Mogul(蘑菇)场地。另外,滑雪场配备有七条架空索道,每小时最高可运输22000人。依托长白山脉的自然优势,万达长白山滑雪场吸引了大批滑雪消费者。

(二)场地配套服务设施方面

北大壶滑雪场、万龙滑雪场、万达长白山滑雪场、万科松花湖滑雪场作为国内最具竞争力的滑雪场,不仅场地硬件设施一流,配套服务设施也具有一定的优势。滑雪场除了缆车,还提供滑雪教学、餐饮、酒店、住宿、儿童乐园等多样化服务。

北大壶滑雪度假区的配套设施完善,星级酒店林立且风格各异、特色鲜明,现已建成并投入运营的酒店有七家,共2300间客房,8000个床位。别具一格的酒店环境、专业齐备的配套服务、丰富多样的娱乐设施、舒适放松的休闲体验,旨在打造完美的假日生活。如滑雪场提供满足不同消费层次的餐饮,从西餐到中餐以及拉面等小吃,不一而足;又如提供不同品牌的酒店,融合健身、瑜伽等多项活动于一体的Holiday inn(假日酒店),以及首家采用"滑进滑出(ski in & ski out)"设计的北美时光酒店等。随着Club Med(地中海俱乐部)的入驻,滑雪度假区的整体规格进一步迈上国际舞台。依托一流的专业赛道和国际化的服务理念,国内外一些重要赛事相继在这里举办,如全国户外拓展大赛、国际雪联自由式滑雪世界杯等。赛事活动的承办提高了滑雪场的声誉和影响力。借助北大壶的区位交通优势,通过整合度假区内非雪季闲置的资源和设施,北大壶滑雪度假区打破了单季运营的"魔咒",2018年国庆期间北大壶滑雪场接待游客1.56万人次,收入176.7万元。

万达长白山作为我国大型滑雪度假区之一,很早便以滑雪场为中心进行综合性度假小镇的开发,形成了包括滑雪、山地运动、水上乐园等的多元化四季度假区,具有较为完备的场地配套设施。滑雪场的住宿与餐饮服务多元化,现有威斯汀、凯悦等不同星级的酒店,可容纳3000多人住宿;在滑雪场山顶处建有山顶餐厅,并依靠长白山的山脉资源,形成了独具魅力的产品体系;距离滑雪场约16千米的长白山机场(位于滑雪场的东南方向)更是极大地提高了滑雪场的通达性和可进入性,吸引了大批南方城市的滑雪消费者。此外,万达长白山作为度假胜地还提供了较为全面的儿童滑雪设施和亲子乐园,并提供了360多名滑雪教练员,以满足滑雪消费者的需求。另外,明亮的灯光设计更是吸引了大量当地的滑雪爱好者,满足了人们夜间滑雪的需求。

万科松花湖度假区位于吉林市东南部,东邻国家AAAA级旅游景区松花湖,距主城区仅15千米。万科松花湖是按照北美经营模式打造的滑雪度假区,其滑雪场具有浓郁的小镇气息。滑雪场不仅有具备竞赛、教学、娱雪、度假等多种功能的独立区域,还配套有经营餐厅、雪具、咖啡厅以及纪念品商店等的商业街。为兼顾不同层次滑雪消费者的需求,滑雪场提供了青旅、民宿、星级酒店等多种住宿选择,如拥有200余间客房的西武王子大饭店与青山客栈等,能满足近4000人的住宿需求。为满足滑雪教学的需求,滑雪场聘请教练员近400人,并成立了专业的滑雪学校,如松花湖滑雪学校。松花湖滑雪场还提供托管服务。除此之外,滑雪场还邀请吉林省红十字会就相关急救知识对滑雪场员工进行培训,从而为消费者的安全提供保障。借助全面综合的配套设施,松花湖的非雪季运营也较为成功,2024年端午假期,吉林市万科松花湖度假区预订单量同比增长50%,万科松花湖度假区展现出强大的品牌实力。在目的地、必打卡景点、亲子游乐、度假村及景点门票等多个榜单中,万科松花湖度假区荣登携程吉林省热门出行目的地榜单前三名①。

相对于万达长白山与万科松花湖,万龙在业态的丰富程度上则需进一步完善,为打造度假式目的地,万龙建有双龙、龙宫、万龙公寓等不同类型的酒店和公寓,可一次性接待约 4000 人住宿,停车泊位数 3000 余个。此外,滑雪场配备较为宽敞的雪具大厅,面积达 4000 平方米,并且配备了多台自助购票服务机,以缓解人工窗口售票的压力。为普及和推广大众滑雪运动,万龙推出了针对在校大学生免费滑雪的福利活动,同时为满足消费者的需求,万龙还成立了专业滑雪学校,其教练员数量达 300 多名。凭借高端的场地硬件设施及完善的配套产品和服务,万龙在 2023—2024 年雪季共接待滑雪消费者达 56 万人次。

(三)市场消费者类型方面

依靠专业的硬件设施、完善且多样化的品质服务,北大壶、万龙、万达长白山以及万科松花湖等滑雪场已成为国内名列前茅的大型滑雪目的地。作为大型滑雪度假胜地,其主要的滑雪消费者多为滑雪水平较高的爱好者以及度假消费群体。这一群体通常对雪具的品牌和效能以及场地硬件有着严格的要求,多以自购自带装备为主,结合消费者的这一情况,大型滑雪场提供的可租赁雪具的数量也少于城市近郊的滑雪场。如万龙作为滑雪爱好者的集结地,滑雪场提供的可租赁装备数量不超过 3000 套。魔毯和拖牵作为缓坡雪道的运载设备,是初级和中级滑雪消费者的标配,而万龙的 32 条雪道中,初级和中级雪道数量不超过 10 条,魔毯和拖牵总量不超过 4 条。以高水

---

① 端午假期吉林省周边游预订单量同比增长 73%[EB/OL].(2024-06-05)[2024-07-01]. http://www.jl.xinhuanet.com/20240605/ddc92303e95b4b8da539a3776aef7153/c.html.

平爱好者及度假人群为主的北大壶和万科松花湖两大滑雪场提供的可租赁雪具达 3000 多套,魔毯和拖牵各有 8 条左右。

北大壶、万龙、万达长白山以及万科松花湖作为国内最具竞争力的滑雪场,在场地的基础设施建设以及配套服务方面均领先于国内其他滑雪场,是引领滑雪行业发展的楷模。中国滑雪消费市场的发展需要一批综合性较强的滑雪场来撬动。从以上分析可以看出,这些滑雪场在专业基础设施和配套服务供给方面都有着绝对的优势。

二、竞争力较强梯队

从图 5-1 可以看出,太舞、云顶、富龙、国家高山滑雪中心、渔阳、南山、通化万峰等滑雪场均属于竞争力较强梯队。对这一批滑雪场在场地专业基础设施、场地配套服务设施以及市场消费类型等方面的具体分析如下。

(一)场地专业基础设施方面

云顶滑雪场由马来西亚卓越集团和马来西亚云顶集团共同创立,总投资 180 亿元,占地 100 千米^2。作为 2022 年冬季奥运会和残奥会的比赛场地之一,曾举行过自由式滑雪及单板滑雪空中技巧、雪上技巧、U 形场地、坡面障碍技巧、平行大回转、障碍追逐等六个项目的比赛,共计产生 20 块奥运会金牌。从硬件设施来看,云顶滑雪场的雪道的开发落差为 420 米,滑雪总面积为 120 公顷,雪道总长度为 44.5 千米,建有高级道 13 条、野雪道 6 条及雪地公园。云顶滑雪场作为冬奥赛场,其场地设施的专业程度较高,作为 2022 年冬奥会单板滑雪和自由式滑雪项目的比赛场地,其凭借专业的硬件设施吸引了大量滑雪爱好者。

太舞滑雪场的山体最高海拔可达 2060 米,雪道开发落差为 510 米,其滑雪面积为 80 公顷,31 条雪道的总长度为 30 千米。除了雪道数量多外,太舞滑雪小镇还为雪上娱乐项目玩家和花样滑雪玩家提供了场地,太舞冰雪嘉年华乐园无疑是雪上娱乐项目玩家的欢乐谷,有雪如意冰雕、冰湖游乐场、雪地转转、超级大滑道、冰城堡滑梯、冰雪咖啡屋等设施,是儿童的冰雪童话世界,是大人的休闲娱乐公园。

富龙滑雪场于 2016 年开业,滑雪面积达 100 万平方米,最大落差为 482 米,雪道总数为 42 条,总长度为 30 千米,富龙前卫的滑雪公园吸引了大量年轻的滑雪爱好者。近年来,富龙滑雪场增设了智能自助计时赛道、障碍追逐赛道、不同难度等级的 Mogul 练习道和野雪道;初级区增设了儿童冬令营封闭教学区、初级教学区、儿童托管场景教学区、亲子乐园等。

万峰滑雪场原名为通化金厂滑雪场,始建于 1957 年,是中国首座高山滑雪场,2019 年由吉林省万峰实业有限公司注资并重新规划扩建。万峰通化滑雪度假区开门营业的首个雪季(2021—2022 年雪季),短短三个月内累计接待游客近 30 万人次,实现综合收入 8000 万元,成功进入国内滑雪场前十。

国家高山滑雪中心基地面积为 432.4 公顷,其中建设用地约 6 公顷;建筑面积约 4.3 万平方米,其中室外建筑面积(挑廊、平台、楼梯等)约 1.1 万平方米。国家高山滑雪中心共设有 3 条竞赛雪道、4 条训练雪道以及其他练习雪道和技术雪道,各类雪道的总长度约为 23.1 千米,垂直落差约为 925 米,国家高山滑雪中心索道系统共设有 9 条架空索道和 2 条拖牵索道,单向运量可达每小时 3200 人,共有 206 个吊厢,并且设有座椅加热装置、定位系统和无线广播传媒装置。该场地是 2022 年北京冬奥会滑降、回转、大回转、超级大回转、全能项目、团体雪上项目的竞赛场馆①。2022年北京冬奥会后，高山滑雪中心不仅为专业滑雪队提供训练场地，还向广大群众提供舒适且富有趣味性的滑雪运动场地。该基地非雪季时期作为山地观光和户外运动场所，可以进行山地探险活动，包括山地越野跑、自行车、滑索、攀岩等。

相对于云顶、太舞等滑雪场专业一流的场地设施，南山和渔阳两个滑雪场的场地条件则较为一般。南山滑雪场雪道数量多达25条，但雪道总长不到10千米，雪道特征为数量多、长度短。数据显示，南山滑雪场配备造雪机33台、架空索道3条，雪道落差仅有293米。渔阳滑雪场的雪道面积为30万平方米，9条雪道总长度为6.3千米，雪道落差为207米。由此可见，相对于远郊大型度假区而言，南山滑雪场和渔阳滑雪场在场地专业基础设施的竞争力方面处于劣势。

(二)场地配套服务设施方面

云顶滑雪场于2012年正式开业，现已完成一期建设，作为2022年冬奥赛事的主办场地，云顶滑雪场的配套设施整体来说相对完善。滑雪场配备了儿童滑雪及相关的娱乐休闲活动设施，以及为商务会议及产品展览服务的多功能大厅。2023—2024年雪季，云顶滑雪场有27家美食店铺、23家零售及娱乐店铺对外营业。为满足市场的需求，滑雪场拥有具备国内外滑雪教学资质的教练360多名。为强化场馆的数字化服务，云顶滑雪场引入了智能化寄存柜，扫码使用更方便、快捷。除此之外，云顶滑雪场成功举办了国际雪联积分赛、奥地利慈善滑雪比赛、极限野雪挑战赛、山地车速降积分赛等，已成为国际雪联积分赛赛场、沸雪国际比赛训练场地。云顶滑雪场也在积极探索夏季运营，非雪季开展的活动有夏令营、音乐节、汽车试驾等。

---

① 国家高山滑雪中心 | 中国建筑设计研究院［EB/OL］.（2021-10-13）［2024-07-01］. http://www.archina.com/index.php? g=works&m=index&a=show&id=10379.

为更好地服务旅游消费群体,云顶滑雪场提供了从车站到滑雪场的免费接驳车。

太舞滑雪场主推度假主题,整体的配套设施较为完善,先后引进了知名品牌酒店,其中包括四星级凯悦嘉轩酒店、四星级威斯汀源宿酒店,以及五星级凯悦酒店、地中海俱乐部,同时太舞滑雪场还拥有五家自有品牌酒店,包含适宜商旅游客的四星级标准的太舞酒店、适宜家庭度假的雪麓居酒店和雪皓居酒店及颇受年轻人偏爱的鹰巢国际青年旅舍。此外,多样化的设施供给为滑雪场的非雪季运营提供了条件。近年来,太舞滑雪场推出了丰富的夏季山地户外娱乐产品,2023年太舞滑雪场的夏季收入达到了1.5亿元。单季向多季运营方式的转变不仅为滑雪场带来了可观的收入,还保证了工作团队的完整性和持续性。

富龙作为国内第一家城市中的滑雪场,除滑雪场外,还有商业街、半山别墅、酒店、温泉等高端服务设施。作为崇礼第一家夜间滑雪场,富龙滑雪场夜间灯光照明系统全面升级,并定期举办音乐节、灯光秀等,将滑雪与音乐、度假等不同形式的产品相结合,深受消费者的喜爱。此外,滑雪场还增设了ATM机、自助取票机和自助娱乐设备等。

万峰滑雪场的餐饮住宿设施比较全面,具有北美风情的特色商业街集特色美食、民族美食、酒吧、综合超市于一体,设有六家不同风格特色的星级酒店,包括5.2万平方米的度假酒店和2.56万平方米的大型温泉汤池,以及以室内温泉水乐园为主体的温泉酒店(温泉水提取自长白山脉地下1821米深处)。滑雪场提供了5000套租赁雪具、1288套储存柜,并且有200名专业、专职指导员和具有国家级滑雪考核资格证书的教练员[①]。万峰滑雪场也在探索非雪季运营,致力于打造集四季旱雪、山地自行车、滑翔伞、帐篷露营、高山植物园、

---

① 性价比之王——万峰通化滑雪度假区的开板价套餐来啦[EB/OL]. (2022-09-28)[2024-07-01]. https://travel.sohu.com/a/588746683_121124401.

缆车观光、营地教育、山地娱乐、山地徒步、儿童室外野趣乐园、陆地冲浪板公园等业态于一体的大型山地度假公园。

南山滑雪场从 2001 年开始经营,已经有 20 多年的历史,作为北京周边规模最大的滑雪场,其设施配套情况无法与国内大型滑雪度假区相媲美,然而与北京周边其他的滑雪场设施相比,其优势则较为突出。南山滑雪场的滑雪教练员团队有 300 余人,由于具有便利的区位优势,滑雪场通常人山人海。作为城市近郊滑雪场,南山滑雪场有不同风味的餐饮、欧式风格的木屋别墅、会议设施以及充足的泊车位,旨在通过多样化的供给赋予滑雪场更为丰富的内涵,从而吸引更多消费者。2021—2022 年雪季的滑雪人次超过 40 万。

(三)市场消费者类型方面

云顶、富龙、太舞等作为国内大型滑雪度假区,其市场目标定位人群是具备一定消费能力的中产阶级以及具备一定滑雪技能的滑雪爱好者。南山作为北京周边的近郊滑雪场,其主要为北京的消费者服务。北京是国内滑雪人才的重要输出地区,作为国内早期培育滑雪市场的根据地,北京的滑雪爱好者大都集中在这一高消费区域。根据富龙滑雪场、渔阳滑雪场的魔毯和拖牵的数量以及可租赁滑雪板和滑雪服的数量可以看出,由于客户类型不同,滑雪场的滑雪板租赁数量呈现出较大的差异性,富龙这种度假型滑雪场的雪具租赁数量在 2000 副左右,渔阳作为初级和中级滑雪消费者体验中心,雪具租赁数量达 7000 多副。根据市场供需关系,可知这种近郊型滑雪场的消费者对于雪具租赁服务有着较大的需求。远郊的大型滑雪场的雪具租赁和魔毯、拖牵等标准设施在数量上少于近郊滑雪场。这种现象也充分揭示了不同规模类型的滑雪场通常有着较为明确的市场定位。雪具的供给数量反映出初级消费市场的需求特征。除此之外,为适应初级滑雪消费市场的需求,北京周边的滑雪场配备用于初级与中级雪道的魔毯和拖牵的比例也较高。

三、竞争力一般梯队

从图 5-1 可以看出,亚布力阳光、金山岭、长春庙香山、翠云山银河、多乐美地、亚布力新体委、长白山鲁能、长春天定山、帽儿山等滑雪场均属于竞争力一般梯队。对竞争力一般梯队滑雪场的场地专业基础设施、场地配套服务设施以及市场消费类型的具体分析如下所示。

(一)场地专业基础设施方面

这一梯队的滑雪场既有来自京津冀地区的,也有来自东北地区的。这些滑雪场相对于前两个梯队的滑雪场来说,竞争力较弱。例如,亚布力阳光滑雪度假区的前身为创建于 1994 年的中国首家滑雪度假村——风车山庄,这是我国大众旅游滑雪的发源地,也是我国第一家举办大众滑雪赛事的度假村,曾被选为第三届亚洲冬季运动会雪上运动员村和第 24 届世界大学生冬运会官方指定酒店,并被中国企业家论坛年会确定为永久会址。该滑雪场的面积共 52 万千米^2,雪道总长度达 31 千米,山体的最大落差为 540 米,并配备了 4 条架空索道。作为老牌滑雪场,特别是近年来随着"三山联网"工程的推行,亚布力阳光滑雪场的专业基础设施吸引了大量滑雪爱好者。然而随着新疆、吉林等地大型滑雪度假区的崛起,亚布力阳光滑雪场因建设时间久、配套设施陈旧而略显沧桑与落寞。

多乐美地滑雪场是 2006 年意大利多乐美地在崇礼建立的第一家外资滑雪场,滑雪场的最高海拔为 2174 米,现已建成初、中、高级雪道 8 条,雪道面积为 30 万平方米,总长度超过 12 千米,设计有猫跳道和波浪道等,并建设了时尚前卫的雪地公园、森林追逐道和儿童乐园等多个滑雪娱乐区。

翠云山银河滑雪场于 2017 年 12 月 23 日正式开业,隶属于河北旅游投资集团股份有限公司,是一家国有集团运营的滑雪场。滑雪场拥有的 12 条雪道的总长度达 10 余千米,雪道面积为 30 万平方米,最大落差约为 320 米。另外,翠云山滑雪场还配备了高速缆车,并修建了雪具大厅、滑雪学校、山顶餐厅及多个星级主题酒店,致力于打造融休闲、康养、旅游于一体的山地度假区[①]。

天定山滑雪场位于莲花山度假区泉眼大街,占地面积为 80 万平方米,18 条雪道,总长约 7.5 千米,其中,初级雪道 3 条,中级雪道 15 条,最大可承载 5000 人同时滑雪。该滑雪场还配有 2 条全长超过 1600 米的 4 人吊椅缆车,2 条总长度近 400 米的魔毯。大厅内不仅规划了滑雪服务区,还设有餐饮美食区、游乐区等功能区域。

长白山鲁能胜地作为国内最优初学者滑雪场出道,拥有 30 公顷超大滑雪场,包含 15 条缤纷雪道(波浪道、回转计时道等)、2 条法国进口拖挂式索道、3 条魔毯。

亚布力新体委滑雪场的面积为 51 万平方米左右,雪道总长度为 12.5 千米,共有初中高级雪道 7 条、越野滑雪道 1 条。

金山岭滑雪场的雪道面积为 60 万平方米,最长雪道的长度为 3.5 千米,雪道整体最大落差高达 600 米。

帽儿山滑雪场拥有 6 条雪道——2 条初级道、1 条中级道、3 条高级道,相对落差为 300 米,最大坡度为 40 度,此外,还设有 1 条雪圈道和 2 个单板 U 形技巧场地,以满足不同水平滑雪消费者的需求。综上所述,这些滑雪场的硬件设施与大型滑雪度假区的场地专业程度相比,其竞争力较为一般。

(二)配套服务设施方面

天定山滑雪场的游乐区提供电玩、海洋球等多种游乐设施与玩

[①] 翠云山银河滑雪场[EB/OL].(2022-06-14)[2024-07-01].https://baike.sogou.com/v168095831.htm.

具。大厅内还设有研学课堂、滑雪教室、滑雪俱乐部等功能区,以及旅游服务集散中心,在这里游客可以预订周边酒店、出行服务。此外,服务大厅还设有冰雪服务设施,让游客在享受高品质滑雪的同时体验多彩的冰雪欢乐盛宴。优质的雪道、完善的配套设施使天定山滑雪场可同时接待 4000 人滑雪、娱雪及用餐①。

多乐美地滑雪场在距离缆车不到 100 米处建设了托斯卡纳风情酒店,通过精心的设计来提高滑雪消费者的体验感,同时采用先进的雪具养护设备来为消费者提供服务。该滑雪场开设了滑雪体验营、升级营、周末亲子营、研学营等,2015—2023 年共计接待营员超 3 万名。

翠云山滑雪场围绕家庭度假的定位,积极完善设施设备,推出了多样化的娱乐休闲项目,以期形成完善的配套服务体系。

帽儿山滑雪场是我国重要的集训练、教学、科研、竞赛等于一体的滑雪场。

(三)市场消费者类型方面

从市场消费者维度的指标来看,庙香山、帽儿山、多乐美地、翠云山等滑雪场的可租赁雪具数量大概在 2000—4000 副。同样为城市近郊型滑雪场,北京的南山滑雪场和渔阳滑雪场的可租赁雪具数量却高达 8000 副,这主要是因为消费市场不同。与北京的消费市场相比,庙香山等地的滑雪场的消费者主要来自当地。由于不同地区人群的消费能力存在差异,所以滑雪场在考虑配套服务的过程中通常会结合市场的实际情况进行布局。接着我们再以滑雪场中魔毯和拖牵的比例来分析,显然这些滑雪场的初级与中级的提升设备多于缆车数量。因此,通过分析滑雪场的可租赁雪具以及魔毯和拖牵的配

---

① 天定山滑雪场国内首创冰雪一站式服务大厅满足多元需求[EB/OL]. (2020-01-07) [2024-07-01]. https://www.ximalaya.com/sound/242329938.

置情况,再结合滑雪场的整体规模,基本上可以推断出滑雪场的消费
者类型。

第四节　京冀与黑吉滑雪目的地区域分析汇总

本节围绕北京、河北、吉林与黑龙江四个省份的 20 座滑雪场进
行滑雪目的地竞争力分析,四个省份滑雪场竞争力的综合得分排名
顺序为吉林、河北、北京与黑龙江。详细数据如表 5-7 所示,从表中
可以看出,京冀两地的综合得分为 0.63,黑吉两地的综合得分为
−0.60,可以推知,京津冀区域滑雪目的地的竞争力要略强于东
三省。

表 5-7　各滑雪场及所属区域得分及聚类汇总

省份	滑雪场名称	综合得分	排名	聚类类别	地区总得分	地区平均分
河北	万龙滑雪场	0.68	4	Ⅰ	0.63	0.063
	云顶滑雪场	0.35	6	Ⅱ		
	太舞滑雪场	0.47	5	Ⅱ		
	富龙滑雪场	0.28	7	Ⅱ		
	多乐美地滑雪场	−0.64	16	Ⅲ		
	翠云山银河滑雪场	−0.53	15	Ⅲ		
	金山岭滑雪场	−0.43	13	Ⅲ		
北京	南山滑雪场	0.10	10	Ⅲ		
	渔阳滑雪场	0.11	9	Ⅲ		
	国家高山滑雪中心	0.24	8	Ⅲ		

续　表

省份	滑雪场名称	综合得分	排名	聚类类别	地区总得分	地区平均分
吉林	万达长白山滑雪场	0.75	3	Ⅰ	−0.60	−0.060
	北大壶滑雪场	1.26	1	Ⅰ		
	万科松花湖滑雪场	0.92	2	Ⅰ		
	长白山鲁能滑雪场	−0.67	18	Ⅲ		
	长春庙香山滑雪场	−0.52	14	Ⅲ		
	长春天定山滑雪场	−0.69	19	Ⅲ		
	通化万峰滑雪场	0.03	11	Ⅲ		
黑龙江	亚布力阳光滑雪场	−0.23	12	Ⅲ		
	亚布力新体委滑雪场	−0.65	17	Ⅲ		
	帽儿山滑雪场	−0.80	20	Ⅲ		

第五节　本章小结

　　本章的分析建立在前文的研究结果之上,通过对我国 31 个省份目的地的滑雪市场展开竞争力分析,基本确定了与京津冀区域滑雪目的地同处一个竞争梯队的区域(即东北地区),结合 31 个省份的综合得分情况可以看出,天津(排名第 15,Ⅲ类竞争力区域)与辽宁(排名第 10,Ⅱ类竞争力区域)的竞争力不强,故选择河北、北京、黑龙江、吉林四个省份从狭义上对两大区域的滑雪场展开竞争力分析,即以滑雪场的占地面积为分层依据,参考《2022—2023 中国滑雪产业白皮书》的数据。首先,以滑雪面积大于 50 公顷为依据,筛选出黑龙江、吉林的五家滑雪场,以及北京和河北的五家滑雪场作为样本。其次,以滑雪面积在 10—50 公顷为依据,从两个区域各抽取五家面积接近 50 公顷的滑雪场,针对以上 20 家滑雪场展开竞争力分析。围绕滑雪场构建指标体系,并详细说明指标内涵及指标数据来源,然后运用因子分析法得出 20 家滑雪场的综合得分及竞争力排名,在此基础上，采取聚类分析法进行分析可知：北大壶、万龙、万达长白山、万科松花湖四家滑雪场的综合得分较高，进入竞争力最强梯队；太舞、云顶、富龙、国家高山滑雪中心等滑雪场属于竞争力较强梯队；亚布力阳光、金山岭、长春庙香山、翠云山银河、多乐美地、亚布力新体委等滑雪场属于竞争力一般梯队。结合区域汇总内容可知，显然北京与河北的滑雪场的竞争力总得分要略高于吉林与黑龙江的，由此可以推断，以北京、河北为代表的京津冀区域滑雪目的地最具竞争力。

第六章　国外滑雪目的地的发展情况分析

第一节　国外主要滑雪目的地的市场概况

一、全球滑雪目的地分布概况

2022年的《全球滑雪产业报告》显示，滑雪目的地主要分布在南北纬43度附近，如北半球的欧洲、北美、东亚地区，以及南半球的新西兰、澳大利亚、巴西、智利等。2021—2022年雪季，全球滑雪人次达3.7亿。从表6-1中可以看出，阿尔卑斯地区滑雪场数量占据全球总量的36%，且该区域的提升设备数量以及百万人次的滑雪场数量均位居全球之首。阿尔卑斯地区不仅是本地滑雪爱好者的钟爱之地，也是全球其他区域滑雪爱好者的憧憬之地。数据显示，虽然阿尔卑斯地区为全球贡献了15%的滑雪者，但是阿尔卑斯地区滑雪人次的接待量占全球总量的43%。由此可以推断，阿尔卑斯地区是全球重要的滑雪爱好者输入地区，而美洲、亚太、东欧以及西欧等地区是滑雪爱好者的输出区域。根据近年来的市场发展趋势，可知亚太地区作为新兴滑雪市场，具有极大的提升空间和增长潜力。

表 6-1　2022 年全球滑雪市场分布情况一览

地区	滑雪场数量占比/%	提升设备数量占比/%	百万人次拥有的滑雪场数量占比/%	滑雪人次占比/%	滑雪者来源地占比/%
阿尔卑斯	36	39	84	43	15
美洲	21	16	14	21	24
亚太	18	13	0	15	21
西欧	12	17	2	11	25
东欧及中亚	12	14	0	9	13
其他	1	1	0	1	2

注:数据来源于 2022 年发布的《全球滑雪产业报告》。

全球主要滑雪目的地集中分布在欧洲的阿尔卑斯地区、斯堪的纳维亚半岛地区、北美和亚太地区以及澳洲地区,基于本书只对高山滑雪目的地进行研究的本意,以越野滑雪目的地为主的斯堪的纳维亚半岛地区在本书中则不做考虑。为此,全球主要滑雪目的地的分布可以粗略地概括为一个滑雪中心和三个集聚区,分别是以阿尔卑斯山脉为中心的高山大型滑雪度假中心,以北美落基山脉、阿拉斯加、亚洲东部及澳洲区域为主组成的三个滑雪度假集聚区域。

二、世界主要滑雪市场情况

作为世界滑雪大区主要集聚区域,笔者以滑雪人次大于 1000 万为基准,筛选来自阿尔卑斯地区的法国、意大利、瑞士、德国、奥地利,北美地区的美国、加拿大,以及亚洲地区的日本作为研究对象,其具体情况如表 6-2 所示。从表中可以看出,奥地利、瑞士的滑雪运动项目的参与人数分别占总人口的 36% 和 37%,这也是滑雪大国的优势,此外,还依靠优异的资源禀赋和完善的服务设施吸引了大量外来的滑雪爱好者,因此成为滑雪消费者输入国家。美国作为全球滑雪人次最多的国家,主要以国内滑雪消费者带动市场的发展,其百万人次的滑雪场数量位居全球第三,是全球滑雪产业最发达的国家之一。

然而近年来滑雪行业整体增长趋势放缓,瑞士等地区的滑雪市场呈现出缓慢下降的发展态势,世界滑雪行业的格局正在悄然发生变化。

表 6-2 2022 年世界主要滑雪市场情况一览

国家	滑雪场数量/家	拥有四条及以上提升设备的滑雪场数量/家	索道数量/条	滑雪人次/万	滑雪运动项目的参与人数占国家总人口的比例/%	国外滑雪者占比/%	百万人次的滑雪场数量/家
奥地利	254	200	2028	5172.2	36	66	16
法国	325	236	3346	5401.2	13	27	13
意大利	349	200	2127	2699.9	8	35	7
瑞士	193	90	1446	2295.6	37	46	5
德国	498	85	1827	1506.0	18	10	0
加拿大	280	70	922	1782.2	12	12	1
美国	481	360	2970	5490.5	8	6	6
日本	547	280	2422	3214.1	9	10	0

注:数据来源于《全球滑雪产业报告》。

随着全球气候变暖,很多滑雪场面临"雪荒危机",滑雪市场受到严重冲击,低海拔的滑雪目的地遭受的冲击尤甚,特别是海拔在2000 米以下的地区,自然积雪覆盖的天数、厚度随气温的升高而大幅减少。事实上,自工业革命以来,温室气体的排放已使得全球平均温度上升了 1℃ 左右,而阿尔卑斯地区的温度则上升了 2℃ 左右。GeoSphere Austria(奥地利中央气象与地球动力学研究所)的气候监测数据显示,2023 年 12 月奥地利的平均气温比 2020 年同期高2.2℃,而 2024 年 2 月的气温则比 2020 年同期高出 5.6℃,欧洲多地的冬季气温出现反常现象。数据显示,从 1971 年到 2019 年,因气候变暖,阿尔卑斯山海拔在 2000 米以下地区的平均降雪日减少了 30余天,雪季的时间缩短了 38 天——开始时间推迟了 12 天,结束时间提前了 26 天①。在某种程度上,如果温室气体持续增加,气候条件将持续恶化,有研究预计海拔 1500 米以下地区的降雪量将减少 80％,即使在海拔 1500 米至 2000 米之间的阿尔卑斯山冬季运动核心区域,降雪量的占比也只有 40％②。如果全球气温比工业化前的平均水平上升 2℃,欧洲 53％的滑雪场将面临雪资源短缺的问题,即便维持巴黎气候协定中 1.5℃或以下的气温上升限制,欧洲 32％的滑雪场也将面临严重缺雪的问题,如当前阿尔卑斯山约有 600 多家滑雪场海拔较高且雪资源较为丰富,气温升高 1.5℃意味着其中三分之一的滑雪场将面临无法营业的窘境③。上述这种情况已经发生:2022 年 12 月底,法国半数滑雪场因缺雪而无法开门营业;2023—2024 年雪季,瑞士的一些地区因冬季温和干燥,滑雪场无法在 12 月开业,进而导致很多滑雪度假区和酒店蒙受重大损失。为进一步降低气候变暖给滑雪场带来的影响,亚平宁山脉滑雪胜地奇莫内山冬季投入 500 万欧元用于人工造雪,但最终因气温不够低而造不出雪,导致滑雪索道关闭,滑雪教练、季节工失业。回顾欧洲地区滑雪场对人工造雪的依赖程度,2023 年奥地利、瑞士、法国、意大利分别有 70％、50％、39％、90％的雪道依靠人工造雪④。显然,气候变化正在影响滑雪度假区的运营和冰雪经济的可持续发展,从阿尔卑斯山脉到比利牛斯山脉,从落基山脉到安第斯山脉,雪季变短、降雪量减少以及冰川融化等问题越来越严重。由西班牙国家农业、食品和环境研究所以及法国气象研究所的科学家共同完成的研究表明,

①　Knowles N L, Scott D. Media representations of climate change risk to ski tourism: A barrier to climate action?[J]. Current Issues in Tourism, 2021(24):149-156.

②　Scott D, Steiger R. How climate change is damaging the US ski industry[J]. Current Issues in Tourism, 2024(23):94-104.

③　汪品植. 气候变暖让滑雪胜地褪去光芒[N]. 环球时报,2023-02-07(5).

④　40 年来第一次在圣诞假期停摆 气候变暖牵累意大利滑雪业[EB/OL]. (2023-04-04) [2024-07-01]. https://focus.scol.com.cn/zgszfz/202304/58844119.html.

尽管 2023 年欧洲的滑雪胜地超过 2200 座,但是其中的大多数在未来几十年内极有可能面临没有雪的情况①。如果全球温室气体排放不减少,那么大多数欧洲滑雪胜地的降雪季节将会显著缩短,并且有些地方可能在不久的将来完全没有降雪②,这意味着与滑雪旅游相关的酒店、零售业和餐饮业等会迎来新一轮的倒闭潮,给当地社区和经济发展带来毁灭性的影响。气候学家预测,到 2050 年,即便是在低碳排放的理想情况下,适合举办冬奥会的场地也会减少到 11 个;到 2080 年,全球将只剩下 6—10 个能够满足举办冬奥会条件的场地。

面对全球气候变暖给冰雪运动和滑雪旅游带来的消极影响,许多国家和地区开始采取研究先进造雪技术、推动山地多季节性旅游转型、尝试寻找发展山地新业态等方式来适应这种变化③。如有的滑雪场为应对缺雪状况,在雪季结束前把场地里的雪收集并堆积在一起,采用隔热保温技术把雪储存起来;有的滑雪度假区则用高科技反光隔热板等新技术来避免或减少雪融化。近年来,越来越多的环保人士质疑和批判滑雪运动,认为滑雪场馆的建设和人造雪消耗了过多的能源资源,不仅破坏了生态平衡,还增加了碳排放。Nadegger(2023)计算得出,一部缆车运行一个月的能耗大约是 3.8 户家庭一年的用电量,一台压雪机工作一小时需要耗费约 5 加仑(18.93 升)的柴油而且还会排放大量的二氧化碳、氮氧化物和污染微粒等④。

① 研究显示全球变暖严重威胁欧洲滑雪胜地[EB/OL]. (2023-08-29)[2024-07-01]. http://www. news. cn/2023-08/29/c_1129832519. htm.

② Vorkauf M. Snowmaking in a warmer climate: An in-depth analysis of future water demands for the ski resort Andermatt-Sedrun-Disentis (Switzerland) in the twenty-first century [J]. International Journal of Biometeorology, 2024(68):565-579.

③ Gruas L, Perrin-Malterre C. How green can they be? A survey of ski tourers' pro-environmental behaviour[J]. Leisure Studies, 2024(23):234-241.

④ Nadegger M. Reassembling more-than-human sustainability: Relations with snow[J]. Annals of Tourism Research, 2023(101):190-203.

2022 年冬天,拉克吕萨滑雪场和莱热滑雪场的造雪机就遭到了环保主义者的破坏和抵制。

另外,随着人口结构发生变化,全球老龄化和少子化问题加剧,加之电子数码设备及科技产品对大众休闲时间的分流,国外参与滑雪运动的人数越来越少,整个滑雪消费市场相比以往已经黯淡许多。据统计,在美国,滑雪消费者的年龄超过 55 岁的人数占滑雪参与人数总量的 20%,70 岁以上的滑雪爱好者在美国比比皆是。在英国,根据市场价值近 30 亿英镑的假日公司(Ski Weenkends)的数据,滑雪者年龄在 43 岁到 65 岁之间的人数占比超过三分之二。在各类数码科技产品和设备的影响下,年轻一代对运动的兴趣不高,VR 体验、电子竞技、短视频等新业态"抢占"了年轻一代的时间,这意味着参与其他休闲消费的时间增多,而用于运动锻炼的时间减少。未来如何妥善处理新兴休闲产品与运动休闲的关系,引导年轻一代积极锻炼身体是世界各国都要研究的重要课题。

第二节　欧洲——以阿尔卑斯滑雪大区为例

一、阿尔卑斯地区滑雪市场概况

欧洲滑雪目的地的建设兴起于 20 世纪初,依托优越的自然条件,在政府、协会以及社会组织的助推下,欧洲滑雪市场历经上百年的演变,不断兼并、整合,形成目前的格局,时至今日欧洲已发展成为全球最主要的滑雪市场之一。欧洲优越的资源禀赋和成熟的运营管理让其成为全球滑雪市场发展的领航者。在全欧洲 2000 多个滑雪目的地中,山形地貌、气候环境等最具优势的滑雪场集中在阿尔卑斯山一带,且在滑雪人次超过 100 万的 51 个滑雪场中有 83% 的滑雪场位于阿尔卑斯地区,这些大型滑雪目的地主要分布在法国、意大利、奥地利、瑞士和德国五个国家,据统计,这五个国家滑雪面积总和达到 5800 千米^2。法国滑雪市场的消费者 70% 来自国内,除此之外,每个雪季到法国境内滑雪的国外消费者达 200 万人,而且这一数字还在增长,其中英国游客占 10%,比利时游客占 6%,荷兰游客占 4%。同样作为大型滑雪场集聚区域,到瑞士和奥地利进行滑雪消费的外来人口分别占总量的 46% 和 66%,其中总人口只有 700 多万的瑞士每年接待滑雪旅游的人次高达 1500 万,带来的经济效益为 70 亿美元,占瑞士 GDP 的 30%。而在人口只有 880 万的奥地利,有 40% 的家庭参与冬季运动。坐落在阿尔卑斯山南麓的意大利多乐美地滑雪度假大区每年吸引的游客约 2000 万人,带来的收益高达 25 亿欧元。除此之外,滑雪运动在德国的普及率更是高达 20%。由此可见,良好的资源条件不仅能够赋予地区特有的生活方式,而且通过对冰雪资源的有效利用还能创造可观的经济收益。随着社会的发展,欧洲滑雪目的地的发展模式已经走向成熟并为其他国家所借鉴。

二、欧洲最大的滑雪运营商——CDA 集团

(一)CDA 集团概况

随着滑雪市场的不断发展,20 世纪 80 年代开始,区域间不同主体开始分开经营、独立核算,通过不同企业独立经营来提升区域市场竞争力,在竞合愈演愈烈的态势下,1989 年欧洲诞生了最大的滑雪运营商——阿尔卑斯(Compagnie des Alpes,简称 CDA)集团。坐落在法国的 CDA 集团不仅是欧洲滑雪运营的独角兽,也是引领全球滑雪市场发展的巨头。在多年的统筹布局和精耕细作下,CDA 集团的主营业务逐渐形成了以滑雪度假区为主导,集休闲景区、主题乐园等多样化业态于一体的发展格局,特别是随着集团于 2022 年 10 月收

购法国阿尔卑斯山第二大酒店,CDA 集团也成为山区住宿的主要参与者。借助集团化发展的品牌优势,CDA 集团成功打破了地域壁垒,业务内容从法国延伸至荷兰、瑞士、加拿大、韩国等地。根据 CDA 集团年报,截至 2024 年 6 月,CDA 集团共运营 11 家大型滑雪度假区,如 La Plagne(拉普拉涅)、Les Arcs(莱萨尔克)、Tignes(蒂涅)、Val d'Isère(伊泽尔谷)、Méribel(梅瑞贝尔)、Les Menuires(美尼尔)、Serre Chevalier(塞尔舍瓦利耶)、Grand Massif(大山地)等和 12 个知名的休闲公园,该集团还持有 Megève(默热沃)、Chamonix-Mont-Blanc(霞慕尼-勃朗峰)、Avoriaz(阿沃里亚兹)等大型滑雪度假区的股份。其运营的 11 个滑雪目的地主要集中在法国境内,处于阿尔卑斯山、法国中央高原、比利牛斯山、法国境内的孚日山脉、法国和意大利交界的侏罗山脉以及科西嘉岛六座山脉之间。旗下运营的 12 个休闲公园分布在法国、比利时、荷兰、捷克、瑞士、加拿大、韩国等国家,年报数据显示,CDA 集团在 2023 年 10 月—2024 年 3 月的综合销售额为 7.611 亿欧元,同比增长 12.2%。其中滑雪区和户外活动部门的销售额达到 4.969 亿欧元,同比增长 14.3%。集团旗下所有滑雪场的年滑雪日数均有所增长,一方面,这得益于高海拔的地理位置为雪资源的储存提供了良好条件;另一方面,滑雪度假区通过结合学校假期日历,采取多样化营销方式,吸引了大量学生群体和亲子家庭游客。从图 6-1 可以看出,CDA 集团的滑雪收入在稳步上升。

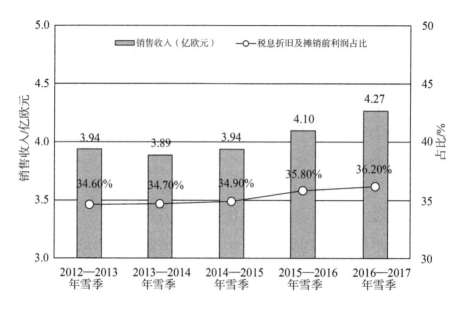

图 6-1　CDA 集团 2012—2017 年雪季营收情况

近年来，欧洲参与滑雪运动的人次持续走低，滑雪市场消费活力持续萎靡，面对东亚地区（特别是中国滑雪市场）的崛起，CDA 集团逐渐转变发展战略，在增加滑雪度假村游客量、提升休闲目的地运营业绩及通过建立合作关系加速国际化进程等方向上努力。一方面，CDA 集团通过加大资本投入力度用于更换缆车、更新造雪系统、修整雪道等，以及优化滑雪度假区的整体供给设施，包括在 Serre Chevalier（塞尔舍瓦利耶）度假区添置新缆车，在 Villeneuve-La Salle（维伦纽夫/拉萨尔莱）地区落地住宅和俱乐部项目，在 La Plagne（拉普拉涅）度假区重设冰川线路。另一方面，CDA 集团通过寻找海外市场实行品牌输出的方式来提高自身在全球的渗透力和影响力，如 CDA 集团与莫斯科的滑雪度假区签订合作协议等，同时 CDA 集团也与日本 MacEarth Group 集团展开了相关合作，在 2022 年北京冬奥会的影响下，CDA 集团与中国的太舞、延庆、丝绸之路等七个滑雪度假村建立了合作关系，为正处于发展阶段的中国滑雪产业提供滑雪旅游度假区开发以及冬奥场地赛后利用等服务,因此,在整个欧洲滑雪市场都处于稳中微降的情况下,CDA集团通过对内革新与对外渗透的方式实现公司滑雪收入稳步上升。

(二)CDA集团旗下滑雪目的地概况

CDA集团的滑雪度假区在市场的竞合作用下已形成六个滑雪大区,具体内容如表6-3所示。这些大型滑雪度假区作为CDA集团全权控股的滑雪目的地,主要依托山地缆车票的收入实现盈利,滑雪度假区的特点归纳起来有以下几个方面。

表6-3　CDA集团旗下11家大型滑雪目的地基本情况一览

滑雪区域	滑雪目的地名称	建立年份	雪道长度/千米	海拔/米	收入/亿欧元	滑雪人次/万人次
滑雪天堂大区	拉普拉涅	1960	425	>2000	1.360	460
	雷萨克	—	—	1200—3226	—	—
	贝西瓦朗德	1948	—	—	0.952	300
凯丽滑雪大区	蒂涅	—	300	1550—3450	—	—
	瓦迪塞尔	1934		1506	—	—
三峡谷	雷美纽尔	1964	200	—	0.752	240
	美里贝尔					
高原滑雪区	富拉尼	1969	265	1600—2500	0.355	120
	萨莫安斯(莫瑞兰、斯特)					
赛尔滑雪区	赛尔	—	165	>2000	0.345	120
德克阿尔卑斯	德克			1300—3600	0.355	120

注:数据来源于CDA Registration Document(CDA集团登记文件)。"—"表示数据不详。

第一,滑雪度假区建造时间早。如1934年瓦迪塞尔滑雪度假区完成建设,1948年贝西瓦朗德滑雪度假区创建完成,早期的滑雪场配备了缆车、简单的餐饮和住宿设施。进入 20 世纪六七十年代后，随着法国政府主导并实施山地开发计划，作为振兴山区经济的重要抓手，一批滑雪度假区相继诞生。发展至今，这批滑雪度假区已进入全新的生命发展周期，并以其独特的历史积淀和文化意蕴吸引滑雪旅游爱好者前往。

第二，自然环境要素优势明显。冰雪资源、山体状况、地形地貌等作为滑雪度假区建设中需要考虑的重点因素，直接关系到滑雪的体验，从表 6-3 中可以看出，CDA 集团的滑雪度假区多坐落在海拔 1000 米以上的高山上，如拉普拉涅滑雪度假区 79％的滑雪区域在海拔 2000 米以上，Les Arcs-Paradiski（莱萨尔克-天堂滑雪度假区）拥有 435 千米的雪道，位于海拔 1200—3226 米，是世界上最大的滑雪场之一，并创造了世界上最大的缆车和欧洲最大垂直落差的纪录。借助高海拔的优势，消费者不仅能感受优良雪质带来的美好体验，从某种程度上来说也有利于减少全球气候变暖给滑雪度假区运营带来的不利影响。

第三，不同滑雪度假区采取差异化发展策略。CDA 集团集聚了世界知名的大型滑雪度假区，这些度假区每年接待的滑雪人次超过百万，在滑雪度假区优良自然禀赋的基础上，CDA 集团根据不同区域滑雪度假区呈现的不同特征，采取了差异化的战略布局。如蒂涅（Tignes）滑雪度假区，海拔在 3000 米以上，依托独特的高海拔优势，蒂涅滑雪度假区被成功打造成夏季滑雪、攀冰的户外运动目的地；梅瑞贝尔（Meribel）滑雪度假区借助区位优势，成为部分居民滑雪消费的主要目的地；弗拉尼（Flaine）滑雪场则借助观看勃朗峰全景的区位视角优势而闻名世界。

第四，滑雪度假区的不同业态分开经营、独立核算。这是欧洲地区各大滑雪度假区的商业运行模式区别于北美等地的典型特征。CDA 集团旗下各个滑雪度假区内各项业务由不同市场组织独立运营,如索道、雪具租赁、滑雪学校、餐饮、住宿等有着各自的服务商,并且在多年的经营沉淀下已经形成了各个业务经营者对产品和服务供给自负盈亏、自担风险的发展方式。

第三节　北美——以美国为例

一、美国滑雪市场概况

以自然资源为导向的滑雪目的地主要分布在美国西海岸的落基山脉一带以及加拿大东部的魁北克、安大略及亚特兰大省区域,依托高海拔优势,落基山脉一带的滑雪资源与阿尔卑斯区域不相上下,中东部地区多为平原和山脉,受极地东北风影响,东部的滑雪场大都建在低海拔区域。自1932年第三届冬奥会首次登陆美洲大陆并进入普莱西德湖以来,美国滑雪产业的发展序幕便被拉开。20世纪70年代以后,美国滑雪产业进入大繁荣时期。之后随着市场的发展,美国的滑雪产业逐渐步入平稳期。自1981年犹他州的蒙太奇鹿谷度假村(Deer Valley)和科罗拉多州的海狸溪滑雪目的地(Beaver Creek)开业以后,北美几乎没有再新建大型滑雪度假区,尽管整个滑雪市场进入饱和、萎缩状态,但是仍旧不影响美国滑雪产业在全球的地位。这种稳定状态的长久维持主要得益于美国滑雪企业不断致力于以提高消费者滑雪体验为宗旨,通过提高滑雪场的设施和专业服务为消费者创造良好的市场环境。美国的主要滑雪目的地由几大滑雪集团经营,如Vail(范尔)集团、Peak(匹克)集团、Alterra Mountain(奥特拉高山)公司和Boyne(波恩)公司等。不同于欧洲国家的社区模式,美国滑雪场运营多为一家全包的公司模式。Vail集团作为美国滑雪行业的独角兽,是美国山地度假市场的领军者。

二、北美最大滑雪运营商——Vail集团

(一)Vail集团概况

美国 Vail 集团是一个已在纽约证券交易所上市的全球滑雪领军企业,自 1997 年成立以来,深耕滑雪度假领域 20 余年。Vail 集团在高山设施升级、地形改造、客户的滑雪体验提升等方面进行了大量投资。此外,其还成功打造了全球滑雪一卡通产品,一卡通的持有者不仅可以无限畅滑集团所属的滑雪场,还可以获得与其合作的国际滑雪场的滑雪权限。2018—2023 年,Vail 集团的营收从 20 亿美元涨至 29 亿美元,涨幅达 45%,而净利润则略有下滑,从 4 亿美元降至 2.9 亿美元,其净利润率仍保持在 10% 左右。Vail 集团的业态布局主要包括山地滑雪度假、房地产、酒店物业等。Vail 集团的山地部门经营了 41 个世界级的山地度假胜地和区域滑雪场,其中包括五个在 2022—2023 年雪季美国访问量最大的度假胜地。作为集团创收的重要组成部分,山地板块通过销售缆车票(包括通行证产品),提供滑雪教学课程、租赁设备、销售零售商品等获得收入。除了为广大游客提供系列服务,集团还与不同类型的第三方运营商形成合作关系,通过在度假村内出租商业空间和设施获得外部收入。Vail 集团的房地产部门的主要业务内容包括向第三方开发商出售地块和规划未来的房地产开发项目。房地产开发销售除了能产生相应的现金流外,还能使集团的山地和住宿部门受益,如提供餐厅、水疗中心、商业空间、私人山地俱乐部、滑雪服务设施和停车场等度假村相关设施和场所。

接下来,笔者将结合 Vail 集团的年报(见表 6-4)剖析 Vail 集团的基本情况。

表 6-4　2015—2018 年雪季 Vail 集团财务分析

板块	2015 年	2016 年	2017 年	2018 年	较 2015 年增速	较 2016 年增速	较 2017 年增速
净收入/千美元	1399924	1601286	1907218	2011553	14.40%	19.10%	5.47%
山地净收入/美元	1104029	1304604	1611787	1922922	18.20%	23.50%	19.30%
物业净收入/美元	254553	274554	278514	284643	7.90%	1.40%	2.20%
地产净收入/美元	41342	22128	16918	3988	−46.50%	−23.50%	−76.42%
人均索道票价/美元	63.37	65.59	67.93	71.31	3.50%	3.57%	4.98%

注:数据来源于 Vail 集团年报。

第一,山地板块是集团的核心主干业务。从年报的数据(见表 6-5)可以看出,Vail 集团的收入来源于山地板块、物业板块、房地产板块,总体收入贡献率最高的为山地板块。这主要得益于山地板块运行业态的多样化:缆车票、滑雪学校、餐饮、零售及租赁服务构成了山地板块的主营业务,其中缆车票收入是山地板块的主要收入来源,占总收入的一半。

表 6-5　2015—2018 年雪季 Vail 集团山地板块基本情况

收入来源板块	2015 年	2016 年	2017 年	2018 年	较 2015 年增速	较 2016 年增速	较 2017 年增速
缆车票收入/美元	536458	658047	818341	880293	22.70%	24.40%	7.57%
滑雪学校收入/美元	126206	143249	177748	189910	13.50%	24.10%	6.84%
餐饮收入/美元	101010	121008	150587	161402	19.80%	24.40%	7.18%
零售及租赁收入/美元	219153	241134	293428	296466	16.50%	21.70%	1.04%
其他收入/美元	121202	141166	171682	194851	16.50%	21.60%	13.50%
净收入/美元	1104029	1304604	1611787	1922922	18.20%	23.50%	19.30%

注:数据来源于 Vail 集团年报。

第二，运营态势持续向好，收入连年增长。在全球经济疲软的大背景下，美国滑雪市场整体走势不佳。从表6-4可以看出，Vail集团由于持续调高人均缆车票价格，其整体收入状况持续向好。事实上Vail集团的这一良好发展态势得益于提升硬件设施及服务品质的战略举措，此外，采取兼并收购的战略来占领市场以及提升竞争力更是其制胜的关键。

第三，兼并收购大型滑雪度假区。2013—2022年，Vail集团不断收购滑雪度假区，扩充自己的商业版图。除此之外，Vail集团还与第三方山地度假胜地签订了战略长期季票联盟协议，这进一步增加了Vail集团通行证产品在全球的竞争力和影响力。随着收购战略的不断推进，Vail集团在全球滑雪市场的主导地位在一定程度上得到了巩固和提升。

（二）Vail集团旗下滑雪场的基本情况

Vail集团作为世界滑雪行业的领导者，旗下集聚了来自美国、加拿大、澳大利亚、瑞士等国家和地区的世界知名滑雪度假区，2017—2018年雪季，Vail集团旗下的滑雪度假区共接待滑雪人次1150万，占美国滑雪总人次的15.8%。Vail集团旗下的滑雪度假区归纳起来有以下几个方面的特点。

第一，规模大。从表6-6呈现的内容可以看出，Vail集团旗下的滑雪度假区多坐落在海拔2000米以上的区域，且垂直落差大、滑雪面积广阔、雪道和缆车数量多，优越的自然条件造就了体量规模宏大的滑雪度假区，极大满足了消费者的滑雪度假需求。

表 6-6　Vail 集团旗下部分滑雪度假区基本情况一览

滑雪区域	滑雪目的地名称	垂直落差/米	海拔/米	滑雪面积/公顷	雪道数量/条	架空索道数量/条	每小时运送人数/人
落基山脉	布雷肯里奇	1121	3168—4289	1177	187	34	46800
	威尔	1052	2454—3527	2140	195	33	103600
	帕克城	1064	2244—3308	2954	330	—	—
	凯斯顿	953	2829—3782	1273	128	20	—
	河狸溪	—	2469—3488	741	150	24	—
	斯特布特	999	—	607	—	—	—
浩太湖	天堂	1067	3068	1874	97	28	—
	北极星	—	2088—2841	1283	—	—	—
	柯尔克伍德	660	2574—3234	931	86	15	—
东海岸	斯托	778	1196—1450	196	—	12	15516
	奥克莫	—	—	270	—	—	—
	芒特苏纳庇	—	—	93	—	—	—
西北太平洋	斯蒂文斯	—	—	455	52	—	—
城市滑雪	阿夫顿	—	—	121	48	18	—
	威尔莫特	—	—	81	23	7	—
	布莱顿	—	—	—	—	—	—
国际度假	惠斯勒黑梳山	1609	—	3307	200	38	61407
	佩里舍	—	—	1214	—	—	—

　　第二,滑雪度假区临近大都市。Vail 集团在美国东北部,太平洋西北部、中西部,大西洋中部地区的区域滑雪场,以及澳大利亚的三个滑雪场和瑞士的一个滑雪场,都位于中心城市附近。便利的区位条件及邻近大都市的优势给滑雪度假区带来了大量的消费群体和经济效益。

　　第三,滑雪度假区配套设施完善。滑雪度假区包含高尔夫度假村,并提供了水疗和健身设施,以及多样化的餐饮选择。在 2022—

2023 年雪季，Vail 集团在度假村经营了大约 270 个餐饮场所。除此之外，为满足滑雪度假装备的租赁需求，Vail 集团设立了约 340 个装备零售及租赁地点，专门用于进行体育用品（包括滑雪服、滑雪板和自行车设备）的租赁交易。度假区还有中央预订系统，山地度假村预订系统和预订平台能够为客人提供方便、快捷的预订服务。

第四，滑雪度假区统一负责运营管理滑雪场的多样化业态。这也是北美公司运营模式有别于欧洲社区发展模式的地方，Vail 集团旗下各个度假区内的缆车、租赁、滑雪学校、餐饮、住宿、零售等多样化业态由一家公司负责整体的运营管理，或通过招商的方式，或采取自营的渠道，来全权主导公司的业务发展，以及时掌握市场动向，灵活调整应对措施，提升集团的发展效率。

第五，以消费者体验为根本遵循。2022—2023 年雪季美国滑雪场的投资总额为 8.124 亿美元，其中的大部分用于缆车与索道基础设施的建设和更新。这能提高度假村的运输能力和运营效率。除此之外，为满足市场上日益增长的自由式滑雪和单板滑雪爱好者的需求，Vail 集团增加了多样化的地形公园设计，为消费者从基础技能到专业技能的系统学习提供条件。为进一步提升度假区的数字化建设和消费端的服务体验，2023 年，Vail 推出了名为"My Epic App（我的史诗应用）"的移动应用程序，客人可通过该应用程序访问度假村。Vail 集团还大力推广其 Epic Season Pass（史诗通）产品，包括全球通卡、本地卡、澳大利亚卡、军人卡等系列，旨在为客户提供更个性化、多样化的选择，提高用户忠诚度。Vail 集团的这种运营方式深刻地改变了美国滑雪市场。

第四节　亚洲——以日本为例

一、日本滑雪市场发展概况

日本拥有得天独厚的山地资源,西伯利亚形成的寒冷北风在吸收了日本海上空的湿气后,会在日本降下大量粉雪,因此,日本以超优质的粉雪和丰沛雪量而闻名于世。日本的滑雪场分布很广,北到北海道,南到广岛,有着适合不同人群的滑雪场。日本的雪季自 12 月一直持续到来年的 4 月,其特征为雪期长、自然降雪量丰富、温度适宜。

日本在 20 世纪 50 年代开始大规模开发滑雪目的地,1972 年札幌冬奥会的举办进一步推动了日本滑雪目的地的建设,点燃了日本国民参与滑雪运动的热情。随着冬奥效应的增强,日本滑雪市场持续走高,1990 年,日本滑雪人次达到 8180 万,创下了国内滑雪人次的历史最高纪录,滑雪运动项目的参与人数也于 1994 年达到 1860 万人。截至 1998 年长野冬奥会,日本拥有滑雪场近 900 家。20 世纪 90 年代初,日本经济不景气使得滑雪目的地出现融资难问题,自此整个行业开始走下坡路。事实上,在 2001 年以前,日本主要依靠国内滑雪消费者拉动市场的需求,市场上几乎没有海外滑雪爱好者,而震惊世界的"9·11 恐怖袭击事件"发生之后,将日本作为滑雪目的地的海外滑雪爱好者越来越多,随后,韩国、中国等国家的滑雪游客也逐渐增多。为推动滑雪度假市场的修复,日本部分地区将滑雪纳入日本学生的修学旅游计划,并全力支持企业开展系列滑雪优惠活动。2015 年的调查数据显示,20 岁以下的滑雪者中超过 70％是因为学校的滑雪课程和修学旅行才开始滑雪的,此外,更是有 50％

以上的滑雪者在高中毕业前便开始滑雪①。近年来，日本中小学校组织的滑雪课程和相关游学活动大幅度减少，例如 1998 年从日本其他县到长野参加滑雪的学生有 85 万人，但在 2019 年这个数字下降到了 31 万人②。根据 2023 年日本旅游局公布的数据，日本虽然有 500 多家滑雪场，但滑雪运动项目的参与人数已锐减到 430 万人，从图 6-2 可以看出，相较 1988 年，日本参与滑雪运动的人次大幅减少，可见滑雪消费市场的萎靡程度非同一般。在这一背景下，日本鼓励、支持并引导海外企业入驻，希望刺激滑雪市场的发展。

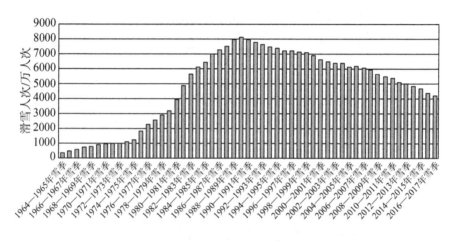

图 6-2　日本历年滑雪人次变化情况

二、日本主要滑雪区域市场概况

(一)长野县滑雪目的地基本情况概述

长野县作为 1998 年冬奥会的举办地，因其地形高原与盆地相间，且山脉海拔多在 3000 米以上，故被称为日本的屋脊。地形地貌

———————————

①　日本冰雪运动发展变迁及启示［EB/OL］.（2022-05-10）［2024-07-01］. https://mp.weixin.qq.com/s?_biz.

②　调查显示：日本滑雪人数较 20 年前大幅减少［EB/OL］.（2021-12-03）［2024-07-01］. http://sports.news.cn/c/2021/12/03/c_1128127736.htm.

带来的优越自然条件为滑雪目的地的建设提供了理想的场所,因此长野县及周边百公里范围内共有滑雪场 100 多家。作为大型滑雪目的地的集聚区域,长野地区吸引了大量境外滑雪消费者。这主要得益于长野县内的白马山谷及其他几个主要滑雪度假区的贡献,它们的共同作用提升了整个长野县的滑雪旅游竞争力。

坐落在长野县的白马山谷是 1998 年长野冬奥会的会场之一,是日本最大的滑雪区域,白马山谷区域内有着若干滑雪目的地。随着地域壁垒的打破、合作大门的打开,滑雪大区的整体设施数量得到大幅度提升。这种区域间联合带来的规模经济和品牌效应大大提升了白马山谷滑雪度假胜地的整体竞争力。为进一步吸引境外游客,提高市场占有率,白马山谷滑雪大区增加了往返关东和关西机场的班次,为游客提供便利。依托优越的自然禀赋条件和完善的设施、服务,白马山谷吸引了大量滑雪消费者,据统计,2017—2018 年雪季,白马山谷的滑雪人次达 218 万,同比增长 3%,相比日本滑雪市场的整体急剧下滑,白马山谷的滑雪人次不降反升,这主要得益于大量境外滑雪消费者的涌入,2017—2018 年雪季日本共接待境外滑雪消费者 33.4 万人次①。

（二）北海道滑雪目的地基本概况

北海道地处日本列岛的最北端,有着优越的气候条件,以天然粉雪扬名四海。北海道聚集了大量大型滑雪度假区,如新雪谷、留寿都、富良野、星野、札幌等。新雪谷作为北海道的大型滑雪度假区之一,依托山体优势,连通了新雪谷东山滑雪目的地、新雪谷大比罗夫滑雪目的地、新雪谷安努普利国际滑雪目的地、新雪谷花园滑雪目的地,多样的选择让其成为滑雪消费者的度假天堂。作为世界成熟的

---

① 长野白马村 17/18 雪季吸引 33 万外国雪友　粉雪体验与交通改善成主因［EB/OL］.(2018-06-21)［2024-07-01］. http://japan.people.com.cn/n1/2018/0621/c35421-30072268.html.

滑雪市场之一,日本滑雪大区多采用联营的方式,通过滑雪场之间的合作,实现规模经济。由著名的度假集团家森运营的留寿都滑雪度假区借助高效率的提升设备为滑雪者创造了良好的滑雪体验,吸引了大量滑雪消费者。留寿都滑雪度假区通过与不同国家滑雪场的合作,加强信息交流,为滑雪场的未来发展提供动力,这对于提升滑雪场的市场竞争力有着积极的作用。富良野滑雪度假区因场地设施较高的专业化程度而出名,作为世界大型赛事的举办地,富良野滑雪场的知名度和影响力在世界范围来看是相对较大的,优质的冰雪资源、专业的场地条件以及完善的服务体系为其在滑雪市场赢得了一席之地。

第五节　经验借鉴与启示

一、技术渗透,提升运营效率及消费体验

20世纪七八十年代,欧美滑雪市场已步入成熟稳定的发展阶段,以大型滑雪度假区为核心的滑雪旅游业已形成完善的产业体系,科学技术与滑雪度假区的融合逐渐走向深入,从服务管理端延伸至市场消费端,极大地提升了滑雪度假区的运营效率,为增强消费者的体验感和舒适度贡献了科技力量。以 CDA 集团旗下的滑雪场为例,拉普拉涅、蒂涅等大型滑雪度假区内的造雪机均为智能化全自动造雪机,相比传统移动式、非自动化的造雪机,这种通过高科技植入造就的智能型设备不仅为滑雪度假区节省了人力资源成本,高效率的造雪技术带来的高质量冰雪效果还提高了消费者的体验感。另外,高科技的融入还体现在滑雪度假区雪具租赁服务方面,CDA 集团旗下的拉普拉涅、雷萨克、贝西瓦朗德等滑雪度假区内可租赁的一些滑雪板、头盔等装备均植入了芯片,这种芯片设置的紧急报警系统能够

自动向外发出求救信号并实现精准定位,这有利于帮助被困的滑雪者及时脱险。此外,部分滑雪场还通过布局数字化预订服务推广滑雪度假套餐、滑雪学校课程、滑雪设备租赁、交通和餐饮等,这种数字化技术实现了数据驱动营销分析,在提升消费者体验感的同时也有利于营销的精准定位。

审视京津冀,以互联网为代表的数字化科技革命正在重塑大众的生活方式,为滑雪旅游业带来全新变革,也为优化滑雪产业结构、促进滑雪产业的转型升级注入新的动力。在科技、信息技术的渗透下,万龙、云顶、太舞等大型滑雪度假区改变了传统的以电视、期刊、报纸为主导的营销模式,通过将线上销售与线下服务相结合,联合新媒体、自媒体等多种传播方式,构建了多层级、立体式的营销平台。随着大数据、信息化技术在滑雪度假区的逐步渗透,通过客户端收集消费者的浏览记录等相关信息已成为各大滑雪度假区实施战略部署的重要依据①。面对全社会形成的新一轮的以互联网为基础的消费潮,滑雪度假区需要与时俱进,从管理端到消费端,从能源消耗、人员管理、办公日常、市场推广、产品设计、服务供给等不同端口植入数字化设备,实现滑雪度假区全场景的智慧化转型升级。但是结合调研来看,在推动滑雪度假区与互联网科技融合的过程中,很多滑雪场馆的管理人员对于"什么是智慧滑雪场馆"缺乏清晰的认知,并且对于"怎样建设智慧滑雪场馆"缺少系统规划。滑雪行业的数字化职业经理人、既懂技术又懂冰雪的数字化应用人才和数字化专业技术人才的存量严重滞后于实践发展的需要,人才供应不足已成为我国滑雪场馆智慧化转型的主要制约因素。除此之外,各项业务板块的数据孤岛现象十分严重,在智慧化建设过程中思维容易陷入技术误区,出

---

① 王超,杜唯,杜春华.数字技术赋能冰雪产业高质量发展的理论内涵、现实困境与实践路径[J].沈阳体育学院学报,2022(5):21-27,95.

现"重硬件轻软件""重建设轻应用""重效仿轻研发"等问题。未来需进一步借助新技术优势,推动滑雪目的地与互联网、大数据、智能技术的深度融合,助力我国在智慧滑雪产业这条赛道上实现弯道超车。

二、积极合作,建立滑雪生态利益共同体

欧美以及日本等国家和地区能引领世界滑雪产业发展潮流的原因之一在于滑雪场之间的合作、并购所形成的联合体扩大了滑雪目的地规模,产生的规模经济大大提高了市场占有率。举例来说,前文提到的CDA集团为进一步增强市场竞争力和社会影响力,在自营11家世界知名滑雪度假区的同时,与霞慕尼、阿沃利亚慈、瓦勒莫莱维、拉罗基耶尔四大滑雪度假区展开联合经营,通过建立滑雪生态利益共同体的方式实施品牌输出,最终实现互利共赢。再如创建于1960年的拉普拉涅是世界上最大的滑雪度假胜地之一,其在2003年与莱萨尔克和佩塞-瓦朗得利共同构成滑雪天堂大区,进一步提升了市场竞争力。此外,日本的白马山谷还依托大町市、白马村、小谷村等邻近的区位优势,实现了不同滑雪场之间的联合经营,助力整个区域市场竞争力的提升。由此可见,滑雪场合作是业态的发展主流,是提高竞争力的重要举措。

审视京津冀,随着市场消费需求逐渐多样化,我国部分大型滑雪度假区为适应市场消费从单一到多元转型的需求,顺应行业发展从单体向综合体演变的趋势,开始从"单打独斗"向"抱团取暖"模式转变。如亚布力滑雪大区的三山联合、万科松花湖与桥山北大壶的"湖壶"合作、万龙和云顶的强强联手,这些被寄予厚望的、规模体量宏大的滑雪度假区的联营终因各方在管理、运营、执行等方面未能达成共识,合作之路走向断崖。在提高市场竞争力的道路上,国内还有一些滑雪场也曾有过合作和品牌输出的尝试,如辽宁推出"辽宁滑雪联名雪季节卡",持该卡可以在怪坡、东北亚、鞍山、本溪、营口、朝阳六处

滑雪目的地畅滑,但是由于滑雪场之间的同质性较强,不同滑雪场的差异化特征不明显,导致市场消费者的认可度较低,最后不得不调整战略。再如崇礼万龙创建的万龙八易参股大同万龙,拟通过品牌输出的方式提高市场竞争力,却也遭遇现实的阻碍。2019年4月,新疆的丝绸之路国际滑雪场、吉林的北大壶滑雪场、陕西的鳌山滑雪场以及崇礼的万龙滑雪场正式签订了联滑的合作协议,联滑、通滑产品渐渐走到大众面前。2021年12月,长白山国际度假区与云丘山滑雪场达成战略合作。2023年河北太舞滑雪场与俄罗斯罗莎·库塔滑雪场签署合作备忘录。显而易见的是,现阶段消费者通票联滑多个滑雪场的需求已然实现,但是在营销推广、安全预警、滑雪培训、运营管理等领域还需进一步推进并达成共识。值得一提的是,在我国滑雪度假商业版图上,已经形成了以泰旅集团为代表的滑雪商业公司,其在新疆经营五家大型滑雪度假区(军都山、可可托海、野卡侠、吉克普林、喀纳斯野雪公园),数据显示,2023—2024年雪季阿勒泰三大滑雪场的接待人次超过100万。滑雪场间的合作联盟已经初现端倪,可以预测未来市场上将会出现更多形式的联合体,实现资源与客户共享。

三、协同共治,构建多主体参与的治理体系

在1924年举办第一届冬奥会之后,欧洲开始实施山区振兴计划,在政府的引导下,大规模开发山区,创建滑雪目的地。瑞士及奥地利政府将滑雪目的地建设视为拉动地方经济发展的主导产业。以瑞士为例,政府充分发挥先导作用,从基础设施建设着手,大到公益广告设计,小到路标标识,均要求使用滑雪旅游元素。作为世界滑雪旅游人口输入国家,瑞士为进一步提高其滑雪市场在世界的占有率,为滑雪场、航空以及铁道等多部门的合作搭建桥梁,共同推出瑞士卡,为持卡人实现飞机、火车、缆车一卡通的便利,这种现代化服务在

大大提高消费者滑雪体验感的同时,也有利于增加顾客的消费黏性。同样作为滑雪产业强国,日本针对滑雪制定了优先发展的策略和措施,在资金方面给予大力的倾斜政策,鼓励地方组织、企业到滑雪目的地进行开发。在政府部门的支持下,日本滑雪产业飞快发展并形成了独特的产业模式,在长野形成了滑雪器材的生产商集散地,在奈良形成了滑雪鞋生产工业园地,日本的索道制造与人工造雪技术同样在国际市场具有较强的竞争力①。再以加拿大的惠斯勒滑雪度假区为例,作为以夏季旅游为先导的目的地,惠斯勒被官方正式指定为加拿大第一个度假区,并且在政府的支持和引导下,又制定了《惠斯勒市度假区法案》,该法案赋予了惠斯勒管委会多项自主权,也为后续投资商开展滑雪场馆建设、酒店餐饮建筑布局等工作奠定基础。此后,独家企业统一运营度假区多业态的公司模式的雏形逐渐形成,而发展至今,公司模式遍布北美地区的大小滑雪场,且为韩国所效仿,并成为当下中国滑雪市场探索未来发展之道的重点借鉴对象。

中国滑雪市场发展如火如荼的背后离不开政府部门的持续推动,上到顶层设计规划,下至基础设施建设,京津冀作为 2022 年冬奥赛事承办地,几乎享受了所有滑雪产业相关的政策倾斜与红利。在进一步提升后冬奥时期京津冀滑雪目的地竞争力的过程中,应充分调动政府、协会、企业、大众等多元主体的参与积极性,通过多方发挥合力,共同为滑雪旅游业发展保驾护航。第一,明确政府的引导作用和服务功能,积极做好顶层规划设计,从完善区域基础设施着手,加快构建现代基础设施体系,统筹推进服务保障工作,着力推进滑雪区域内基础设施建设,通过完善基础设施为滑雪旅游目的地的发展提供保障与支撑,为企业投资构建良好的发展环境。第二,充分发挥行

---

　　① 吴琳,王萍,王飞. 三维度框架下日本滑雪产业的战略模式分析与启示[J]. 上海体育学院学报,2022(9):42-52.

业协会的积极作用,积极履行协会对行业的监督职能,针对滑雪行业相关标准缺失的现状,尽快建立健全相关规章,制定相应的质量、技术、服务等标准体系。第三,滑雪企业作为市场主体,应该积极参与行业竞争,同时提高自身对市场的敏感度,以市场需求为生产的"晴雨表",不断提高产品和服务供给的质量和效用。第四,发挥地区居民对滑雪规章制度以及相关事务的参与作用,以 2022 年冬奥会赛事举办地崇礼地区为例,应鼓励当地居民积极参与行业发展并充分发挥自主权,同时将地区民意作为意见纳入规划建设章程①。

四、多季运营,打造山地休闲度假综合体

国外成熟滑雪市场的另一个特点在于目的地创造了多季经营的丰富业态。以韩国为例,其第一家滑雪场营业的时间是 1975 年,在该国的大多数滑雪场中至少会有一个高尔夫球场、一个室内游泳池、零售商店、室内购物中心和一系列的休闲活动场所,比如保龄球馆、乒乓球馆、电子游戏厅、电影院、卡拉 OK 厅、酒吧、俱乐部等,以及基本的雪具租赁店、更衣室、咖啡厅、信息中心,其中一些滑雪度假村推行 24 小时全天候运营。因此,除了缆车票与酒店餐饮,衍生的多样化项目为滑雪场增收提供了多样化渠道。再如日本的长野县白马村,为充实夏秋两季的户外设施,延伸产业发展链条,将白马村打造成四季高山旅游胜地,白马岩岳山顶开放展望凉台,从凉台处远望可以看见白马村的"三色红叶景色"(即山顶的积雪、山腰的红叶与山脚的绿树)。凉台引进了轻井泽的烘焙店,并且开设了源自纽约的面包店,除出售招牌商品外,还开发白马原创商品。为摆脱过分依赖冬季

---

① 贾志强,刘花香. 中西滑雪旅游业发展要素的比较、启示与路径研究——基于供给侧改革视角[J]. 山东体育学院学报,2021(1):22-28.

滑雪的情况,深度挖掘白马村四季的发展潜力①,滑雪度假区还引进法国游乐设施制造商创建空中自行车走钢丝、三层式网络型冒险、活动塔等,以此来满足不同消费对象的多样化需求。为拓宽滑雪产业链条,日本和韩国都选择了将滑雪旅游与观赏自然景观、名胜古迹、参与地方民俗风情活动及温泉洗浴、美容、按摩、购物等相结合,通过融合驱动,丰富滑雪目的地的业态②。此外,瑞士的滑雪企业通常会对目的地全年旅游项目做系统安排,除传统冬季滑雪外,蹦极跳跃、洞穴探险、峡谷探幽、漂流、山地自行车、滑翔伞、高尔夫、徒步登山、乡村度假等项目是非雪季的主打元素,这种突破传统季节限制,进行四季运营的方式为消费者提供了不一样的娱乐选择。由此可见,不同业态的相互融合与渗透促使滑雪产业链条得到延伸,多样化的供给丰富了目的地的业态,有利于提高市场竞争力。

审视京津冀,《2022—2023 中国滑雪产业白皮书》中的数据显示,大型目的地滑雪度假区的数量占全国总量的 1.87%,在存量市场中,一批基础设施较为完善的滑雪度假区陆续启动探索多季运营模式。例如,太舞滑雪小镇 2016 年开始夏季运营,2017 年其夏季游客数量便与雪季游客数量接近,2023 年夏季开拓了 30 个左右的户外运动项目,客流量近 100 万人次。崇礼的富龙小镇以赛事活动为打好消夏避暑休闲牌引流,目前山地车运动已成为他们夏季运营的重要业态。2023 年富龙山地车嘉年华设置了泵道赛、速降赛、双人追逐赛、甩尾赛、耐力赛、攀爬赛六个类别 33 个组别的赛事,吸引了700 余名国内外选手参赛。由于山地车运动在上海、杭州、广州等城市拥有大量的爱好者,2023 年的山地车嘉年华期间,小镇的住宿、餐

① 陈琳,李桂华. 后冬奥时期日本发展冰雪运动的实践经验及对我国的启示[J]. 沈阳体育学院学报,2022(6):57-63.

② 孙大海,韩平,王飞,等. 日本滑雪场运营模式、理念驱动与启示[J]. 体育文化导刊,2021(1):104-110.

饮和休闲娱乐等业态的营收较往年同期有 10％—30％ 的增长，直接与间接收入近 500 万元。翠云山旅游度假区则通过打造研学活动品牌，拓展夏季运营模式。该旅游度假区的森林覆盖率达 85.7％，拥有 200 多种植物和鸟类，得天独厚的生态资源为开展特色户外研学活动提供了有利条件。实践调研发现，当前夏季运营的利润较低，夏季运营项目内容单一、产品附加值低等制约了非雪季运营活动的开展，加之非雪季、非山地项目等同质娱乐产品分流了大批消费者，在一个山地度假习惯尚未形成的大环境下，为度假产品买单的消费基础尚不牢固。未来京津冀地区的滑雪市场可以借鉴国外成熟市场的经验，依托有利的地理条件和区位优势，加强地方文化传统的渗透，积极引进相关业态，延伸产业链条，从各个方向丰富滑雪目的地的业态，从而提高市场占有率。

五、低碳绿色，践行可持续发展理念

以低碳、绿色、环保为核心的发展理念已融入欧美滑雪度假村建设运营管理的全过程。以阿沃利亚兹滑雪度假村（Avoriaz Ski Resort）为例，作为践行可持续发展理念的典范，该度假村积极号召并引导当地居民、外地游客贯彻落实绿色环保理念。如该度假村提出"无车度假村"口号并禁止机动车入村，这一举措既减少了汽车尾气对环境的污染，又提升了空气质量；为进一步实现滑雪度假村与大自然的融合共生，阿沃利亚兹还在房屋建筑上采用仿生态理念和低功耗设计。一方面，以原木为建筑材料打造的小木屋与室外环境相得益彰；另一方面，度假村的房屋多采用隔热积雪层，这种低能耗的设计极大提升了建筑的隔热性能。除此之外，在日常运营管理中，阿沃利亚兹还采取了其他措施来减少人类滑雪活动对环境的消极影响，其中包括推行垃圾分类，倡导购置可回收物品，强化对造雪机、压雪机等设备操作的环保培训等。而莱萨尔克滑雪度假区秉承建设绿

色滑雪度假区的原则,建立了环境观测站,该观测站完全融入了新开发项目的开发和设计过程。该度假区还致力于使用 100％来自可再生能源或污染较少的天然气燃料的电力等。而以可持续发展为核心运营理念的 Vail 集团,于 2017 年在度假村推出了"零排放承诺",通过投资可再生能源以及其他减排项目来实现零排放。

审视京津冀,作为第 24 届冬季奥运会的赛事承办地,京津冀地区始终坚持绿色发展理念,突出科技、智慧、绿色、节俭特色,绿色已成为京津冀地区冰雪行业发展最亮丽的底色。所有滑雪场馆均使用 100％绿色电能,并采用环保的二氧化碳制冰技术,实现场馆热能再利用。根据测算,从 2019 年 6 月第一笔绿电交易开始,到 2022 年冬残奥会结束,北京、延庆、张家口三个赛区场馆使用绿电 4 亿千瓦时,减少燃烧 12.8 万吨标准煤,减排二氧化碳 32 万吨。针对滑雪场馆建设对山区造成的影响,建设者在规划设计滑雪场之前进行了全面调查,从避让、减缓、重建、补偿等方面确定了保护措施。通过就地、近地、迁地等措施保护赛区植物,通过设置动物通道、布设人工鸟巢、规范施工行为等措施降低对赛区生活的动物的影响,并同步开展生态修复。通过多种途径收集、储存和回收雨水与融雪水,高效利用水资源①。除此之外,北京及延庆赛区的多个冰雪场馆还布局建设了能源管控中心,通过实时监测滑雪场馆中的电、气、水、热等能源的消耗及使用,并利用大数据等技术,实现滑雪场建筑能耗及碳排放可视化管理,以达到减少能源消耗的目的。进入后冬奥时代,京津冀滑雪目的地依然坚持生态优先和可持续利用原则,积极探索冬季滑雪、夏季种草恢复植被的方式,助力滑雪旅游目的地的绿色可持续发展。

---

① 绿色办奥,让北京冬奥会"冰雪之约"变得"绿意盎然"[EB/OL].(2022-01-17)[2024-07-01]. http://finance.people.com.cn/n1/2022/0117/c1004-32333359.html.

第六节　本章小结

　　本章主要围绕国外滑雪目的地的发展情况以及相关经验进行了详细阐述。首先,介绍了国外主要滑雪目的地的基本情况,即一个滑雪中心、三个滑雪集聚区域,分别是以阿尔卑斯山脉(法国、意大利、瑞士、德国、奥地利)为中心的高山大型滑雪度假中心,以北美落基山脉、阿拉斯加、亚洲东部(日本、韩国)及澳洲区域(澳大利亚、新西兰)为主组成的三个滑雪度假集聚区域。其次,以滑雪人次大于1000万为基准,选取阿尔卑斯地区、美国、日本等国家和地区的滑雪目的地展开详细描述,如法国的CDA滑雪运营集团、美国的Vail滑雪运营集团、日本的长野及北海道滑雪大区等。最后,通过对国外滑雪目的地的分析,总结出驱动京津冀区域滑雪市场发展的国外经验:技术渗透,提升运营效率及消费体验;积极合作,建立滑雪生态利益共同体;协同共治,构建多主体参与的治理体系;多季运营,打造山地休闲度假综合体;低碳绿色,践行可持续发展理念。

第七章 提升京津冀滑雪目的地竞争力的路径

从全国主要滑雪目的地的比较研究可以看出,京津冀滑雪目的地是全国最具竞争力的区域,作为竞争力最强区域,京津冀整体发展不平衡特征明显,相对河北及北京地区,天津滑雪市场发展较为落后。东三省以及正在崛起的新疆是京津冀区域的有力竞争对手。作为中国滑雪市场的后起之秀,京津冀区域滑雪市场被寄予厚望,承担着推动中国滑雪市场发展的重要任务,是未来引领我国滑雪产业发展的"排头兵"和"领头羊"。基于此,为提升京津冀区域滑雪产业的整体竞争力,需要从滑雪目的地这一核心要素出发,通过联动政府、社会组织以及企业等多方力量,通过发挥协同作用促进京津冀区域滑雪目的地提档升级,迈上发展新台阶。

第一节 政府层面

一、打通地域壁垒,铸造区域品牌

(一)以政府为主导,加强区域间的合作

在京津冀协同发展的大环境中,滑雪产业无疑将成为推动京津冀区域一体化发展的新引擎。在这一战略背景下,跨省份实现滑雪目的地的相关合作将为京津冀区域协同发展搭建新桥梁。第一,京张冰雪经济带可参照芬兰"极地特快"及日本国铁"札幌滑雪专列"的发展模式,加强区域间交通线路的串联,依托冰雪主题的公共交通设施,形成京张一小时交通圈,实现空间联通。第二,基于京津冀区域滑雪场地资源较为分散,且相对独立,政府部门应自上而下率先打开合作的大门,政府联合企业、社会组织、学界等多方力量,成立冰雪赛事协同发展联盟,加强协同与沟通,通过打破行政区的界限,引领区域内不同滑雪目的地走向联合。如京津冀三地滑雪协会、体育局和联盟机构应协同交流决策、赛事时间安排和赛事空间分布,增加赛事协同开展数量,积极搭建冰雪产业协同发展平台。同时联合京津冀三地体育学院、医学院等高校资源、行业协会、企业组织建立冰雪人才培养联盟,培育冰雪旅游公共服务专业型、复合型人才。第三,整合不同滑雪场地资源要素,建立高效便利的滑雪目的地的信息通道,为大众了解滑雪场的相关资讯及共享滑雪信息资源提供便利的区域滑雪公共服务平台;在这个过程中针对整个区域内的滑雪目的地采用整体推广的方式,将滑雪场与相关产品捆绑进行宣传。第四,要积极推进区域间在滑雪相关事务上的合作,在实现区域合作的过程中,建立和完善跨地区的利益协调机制,尊重区域间不同主体的利益,实现区域内利益共享,确保地区间的不同主体得到平等对待以及实现利益的最大化。为建立政府部门之间的长效合作机制,应加强滑雪产业的重点领域合作,不断提升合作层次和水平,形成市场驱动、政府推动、企业互动,进而形成多元、立体的合作关系[①],如京津冀联合举办大众滑雪交流赛事,为大众推广和普及冰雪运动的发展之路,也为京张两地的滑雪爱好者搭建起沟通交流的桥梁,除此之外,要协同组建京津冀滑雪战队,广泛开展滑雪技能培训、冬奥知识普及等志愿

---

① 李燕燕,兰自力,闫语. 基于修正 IPA 分析的区域滑雪场服务质量关键性问题研究——以"北雪南展"示范地鄂西神农架为例[J]. 武汉体育学院学报,2022(12):58-65.

服务活动,进一步提升京津冀区域滑雪产业发展的协同性和凝聚力。

(二)尊重地区的差异性,树立大滑雪区域观

要想促进京津冀区域滑雪目的地的转型升级,需要树立明确的发展观念和指导思想,大滑雪区域的概念不仅是指大的滑雪企业、大的滑雪项目、大的市场营销,更强调通过相关行业的共同参与、相关区域的联合促进,共同建设跨行业、跨地区的滑雪大区。为此,需根据区域内不同板块滑雪资源的独特禀赋和市场需求进行恰当的类型定位和重新组合,形成若干个差异明显、互补性强的滑雪板块,然后通过对各板块资源的深度开发和优化配置,强化各板块的类型特色,在条块分割的管理体制和以地方利益为重的情况下,建立高效协同的组织管理机构,运用多元化手段,对滑雪目的地相关要素进行全面的组织、动员、协调、整合与管理[1]。如北京和张家口可探索联合建设全球高端冰雪装备主要供应基地,发挥北京科技创新资源优势,探索攻克冰雪装备的核心、关键技术。同时两地可依据场地优势,尝试打造冰雪装备试验基地,提高冰雪装备综合试验、检测与鉴定能力[2]。在进行区域间滑雪项目的合作开发时,各级政府应该树立大滑雪区域的意识,突破地方局限,将不同滑雪目的地的比较优势进行叠加,促使其产生规模经济和集聚效应。在这个过程中,应该加强顶层设计,加强三地政府部门之间的合作,充分发挥政府在京津冀区域滑雪目的地整合与发展中的统筹、管理及协调作用,建立一个综合京津冀三地滑雪部门的、打破行政区域限制的权威机构,如成立京津冀滑雪区域发展的领导小组及发展委员会来应对京津冀滑雪大区发展

---

[1] 孙大海,韩平. 滑雪旅游资源开发:禀赋指标、模式与优化路径研究[J]. 中国体育科技,2021(11):14-19.

[2] 京张两地如何实现冰雪经济的协同发展? 专家解读[EB/OL].(2021-10-30)[2024-07-01]. https://baijiahao.baidu.com/s?id=1715027048626790130.

过程中存在的问题①。

二、制定发展规划,出台政策法规

(一)从顶层设计出发,做好发展规划

通过本研究的分析可以看出,京津冀区域滑雪市场发展不平衡、场地分布不均匀,主要滑雪市场集中在崇礼与北京一带,而河北的南部地区以及天津一带的滑雪场地建设及相关发展均较为落后。为此,京津冀区域应该根据现实发展情况,以崇礼地区为发展核心,打造滑雪品牌,借助要素外溢效应,建设张北、赤城、沽源滑雪带,借助沿线交通的便捷性与可进入性,打造以张家口和承德为主的滑雪聚集区的扩散区,依托京津冀协同发展战略,进而辐射整个京津冀地区,形成区域滑雪产业集群的立体发展格局,进而带动京津冀区域滑雪目的地竞争力的整体提升。针对这一实情,政府部门在进行科学合理的顶层设计与规划制定的过程中,应切实整合区域定位、功能布局、项目设计、招商引资、产业管理、公共工程等多方面事务,秉承促进区域经济发展的理念,按照经济发展规律,结合长远发展目标,制定系统的战略规划与实施方案,做强张家口、承德两个冰雪产业核心区,发展壮大京津张、承秦唐、太行山脉三条冰雪旅游带,进一步打造冬奥会、会展论坛、教育培训、冰雪赛事四大国际品牌,加快提升京津冀滑雪目的地的竞争力。具体来讲,可制定京津冀大众滑雪赛事办赛指南②、协同建立冰雪赛事专项规划制度,通过协同举办京津冀欢乐冰雪季、滑雪节及冰球联赛等活动,进一步强化京津冀滑雪产业合作的纽带。同时加大对京津冀区域滑雪产业发展的规划力度,制定

① 武雨佳,王庆伟,刘弋飞. 2022 年冬奥会背景下京津冀大众滑雪赛事协同发展研究[J].沈阳体育学院学报,2021(5):16-23.

② 张瑞林,李凌,车雯. 基于社会阶层理论的滑雪体育赛事消费行为与营销策略研究[J].北京体育大学学报,2019(11):23-34.

规划时做到与全球化发展和京津冀协同发展的宏观背景相一致,建议由市级层面牵头申办国际雪联、国际雪车联合会、雪橇联合会赛事和青少年国际国内赛事,持续三至五年办赛,持续扩大冬奥场馆在国际上的影响力。在制定区域滑雪产业发展规划的过程中,要充分结合旅游产业发展规划的内容,充分利用得天独厚的自然优势,以政府牵头,凝聚企业、院校等多方面的力量,做到科学规划,多方主体参与,共同协商,为规划制定融入多方力量、多方智慧。

(二)提供强有力的政策支持

为进一步深化京津冀区域滑雪市场的发展,各级政府需要形成合力,出台强有力的政策支持,加强京津冀滑雪目的地的品牌建设,共同将京津冀区域滑雪目的地推向世界的舞台。当前京津冀地区部分滑雪场还存在资金短缺和盈利困难的问题,政府可以从多方面加大资金支持力度,通过为投资主体提供金融支持、税收优惠、产业扶持等政策形成政府帮扶体系,如降低滑雪场的水电购买价格,为滑雪场地开发商提供长期的低息贷款和相应补贴,鼓励开发商积极融入林地建设与保护的政策制定过程等,从多个角度为推进京津冀区域滑雪目的地的发展提供政策红利与支持,为区域滑雪产业的健康可持续发展提供强大保障。法国在开发山地旅游以及滑雪产业的初期,政府部门对企业和开发商的支持值得我国借鉴。除此之外,对滑雪场相关的支撑服务体系应从制度上提供政策倾斜,鼓励滑雪产业相关的教育培训机构、信息服务机构的建设,制定宽松的人才流动机制及政策,吸引大量复合型人才到集聚区内创业和工作。通过有效整合资源形成合力,为打造京津冀滑雪产业品牌提供全方位的保障。

(三)建立法治保障体系

为保障区域滑雪目的地市场发展的健康有序,必须制定相应的法律规范,构建更高水平的管理体系。加快构建并完善有关滑雪消费环境和滑雪企业营商环境的法规政策体系,增加和优化以服务质量、权益保护、健康安全为内容的冰雪政策和滑雪制度供给,为大众感受冰雪运动的美好解决后顾之忧;加快提升政府服务冰雪事业、滑雪产业发展的效能,积极协调各部门加强对滑雪运动发展的政策、税费、用地、人才等方面的扶持,完善以滑雪市场主体和社会公众满意度为导向的营商环境评价体系,着力为滑雪企业发展构建公正、健康的营商环境。要尽快建立健全滑雪目的地法律保障体系,出台有关滑雪目的地发展的规章制度,制定相应的质量、技术、服务等标准体系,组织制定京津冀区域滑雪目的地发展管理条例,从法律层面对滑雪资源的整合、产品联合开发、市场共建、联合营销、交通服务等方面作出规定,进一步规范区域滑雪市场秩序。对当前滑雪目的地发展的相关法律法规进行全面梳理,对不能完全满足当前形势发展需要的法规条例进行必要的修订调整,对明显空缺的法律条文应根据滑雪市场发展的特点制定相应的实施细则。除此之外,应强化不同部门对滑雪场建设过程监管的信息沟通,充分发挥综合监管作用。加强不同部门协同合作的机制建设,强化联合执法,促进其向常态化、机制化的方向转变。如国土、住建、林业、旅游等部门要重点加强对滑雪场建设过程中存在的违法用地、破坏资源、过度开发行为的监督和管理①。对于滑雪场建设,唯有政策、法规双管齐下,并实行多部门综合治理、监管,才能规避新兴产业发展的漏洞,为滑雪产业发展走上康庄大道打下基础。

---

①　杨丽花,王德显. 后冬奥时代冰雪产业可持续发展的制度构建[J]. 北京体育大学学报,2022(5):135-145.

三、完善基础设施建设，强化环境保护

(一)加快公共基础服务设施建设

基础设施建设作为发展主体正常运行的保障，是物质生产的重要条件。基础设施建设水平高低直接影响该地区滑雪目的地的可持续发展。为保证京津冀区域滑雪产业发展的可持续性，应加强地区基础设施建设，完善载体功能，优化空间布局，提升承载能力，加快构建现代基础设施体系，统筹推进服务保障工作，着力推进区域内基础设施建设，推进配套服务和硬件设施升级改造，构建完善的公共服务和商业服务设施，提升滑雪场、度假区的设施条件和服务水平，着力改善旅游度假区周边通信、会展、餐饮、住宿、医疗等配套服务，提升游客接待服务能力。同时要实现冰雪场地基础设施提质升级，如设置夜场雪道照明、楼体亮化等，不断提升游客体验，增强对游客的吸引力。加强构建先进的网络设施、安全高效的立体交通综合体系，加强水利、电力、通信和环保基础设施建设，从功能、布局、形象、质量等方面进一步加强政府部门的监督与审核，充分利用现代化技术提高基础设施的功能以及承载能力，加强信息网络建设以及医疗救护设施建设，通过完善基础设施系统为深化京津冀区域滑雪目的地的发展提供保障与支撑。基于滑雪场地建设多位于城市郊区或者偏远山区，以及可进入性相对较差的情况，可设立专门的直达列车，而对于已设直达列车的景区，则应适当增加交通的往来频率，同时完善滑雪度假区周边的交通线路，做到全线交通的基本覆盖，充分发挥铁路和公路的客运优势，并做好两者的有机衔接，形成滑雪度假区铁路与公路联运的交叉联网体系。此外，还要进一步推进区域内交通保障设施建设。依托大兴国际机场、京张高铁、正定国际机场、太行山高速公路等交通节点，定期开通滑雪专线，同时联合物流公司开展雪具运

输服务,提高城际滑雪旅游的可达性。进一步完善城乡多级道路建设,改善群众去城郊、山区体验滑雪运动的交通条件,降低滑雪爱好者参与冰雪活动的出行难度。

(二)将生态环境保护放在发展第一位

生态环境的优劣通常决定了目的地度假区的吸引力和竞争力。针对滑雪目的地的环境问题,必须加大生态建设和保护力度。一直以来,张家口承担着北京水土涵养的重任,北京及周边的生态系统相对脆弱,而滑雪目的地建设对生态环境有着较强的依赖性,生态环境一旦破坏,滑雪目的地建设也就失去了发展的优势和动力。因此,要牢固树立生态是滑雪目的地发展的生命线的理念,坚持生态优先、规划先行,做到在开发中保护,在保护中开发。在鼓励现有滑雪场完善相关基础服务设施建设,融合旅游、休闲、住宅、商业等项目为滑雪运动的参与者提供配套服务,提高服务水平的过程中,还要注意对土地资源和生态资源的保护,避免建设过程中出现对大自然肆意破坏的情况,保证滑雪场地建设和环境建设同步发展。需要增强滑雪目的地自然资源的可持续利用效率,对于自然资源的保护以及可持续利用,建议加强政府部门环境保护队伍建设,健全和完善针对滑雪资源的环境监察、环境监测和环境应急等,提高对滑雪经营场所环境保护的现场执法能力以及监督检查能力。在这个过程中还需加大政府部门对环境保护的支持力度,为景区提供公共的废弃物品再回收、再利用设备①。进而在坚持有序开发、合理利用、科学规划的前提下,最大限度地减少污染、降低排放,实现滑雪目的地生态环境的有效保护。

---

① 管建良,王飞,马莉娅."双碳"目标下滑雪旅游产业可持续发展困境及应对策略[J].体育文化导刊,2023(1):98-103,110.

第二节 产业层面

一、利用集聚优势,实现集群发展

(一)培育主导业态,拉长产业链条

滑雪场作为滑雪产业发展的基础,影响着滑雪中下游产业的发展。作为冬奥赛事举办地,借助区位优势,京津冀近年来吸引了大量和滑雪相关的企业,作为正处于发展初级阶段的市场,集聚区内的企业存在扎堆现象,专业化分工协作的产业协同网络尚未形成,企业相互之间的业务关联性较弱。以崇礼为例,尽管大型滑雪场的集聚拉动了地方经济的增长并推动了区域城镇化的进程,但是"聚不成群"问题较为突出。为此,需要结合区域的要素禀赋、市场潜力,将关联性较强的业态发展成主导产业。在这个过程中,需依托主导产业,加强产业链的对接,引导滑雪场做好核心业务,通过高品质的产品供给和服务,为滑雪消费者提供良好体验,同时加强京津冀区域内与滑雪场相关的滑雪旅游、滑雪培训等企业之间的合作,拉长和拓宽产业链,向上延伸到滑雪场的供应商,向下延伸到滑雪产品和服务的消费者,如通过举办国际冰雪旅游节、文化节、全民冰雪体验日等系列群众冰雪娱乐活动,吸引各地游客前来观光度假;充分利用高质量的冬奥会场馆和基础设施,争取承办国内外大型赛事,吸引高端体育赛事落户河北;举办各类冰雪会展、论坛,组织创作冰雪运动宣传片,大力宣传河北冰雪运动文化内涵。同时要求京津冀区域内的政府部门以及公共机构(包括高校以及相关科研机构)之间强化对接,形成完善的产业网络支撑体系。对于京津冀区域滑雪产业集聚的发展,需特别重视相关产业网络体系的构建,努力形成区域内大中小企业密切

配合、专业分工与协作完善的网络体系。

(二)整合集聚区域内外资源

整合化成长是推进产业集聚区向产业集群升级的发展方向。在地理位置上,京津冀滑雪大区位于既定的地域范围内,在相当程度上受到行政区划的限制与阻隔。在经济全球化日益深化的背景下,突破地域界限,加强外部联系不仅有利于产业集聚区更有效地获取、整合外部资源,拓展市场,更有利于技术进步和产业升级。为此,应该实现区域内整合与区域外整合双管齐下。区域内整合主要是依据京津冀地理位置相近的优势,根据不同地区的差异性,打破滑雪目的地发展的行政界限,借助优势,实现有机整合。区域外整合则主要是依托先进的网络技术,把分布在不同区域的滑雪场联结成群,在全球范围内实现资金、技术、人才等要素的集中。这种跨区域的整合可以在更大范围内获取资源,开拓市场,因而具有快速的市场反应能力,有助于实现整体效益的最大化。在这个过程中,还应该尽快完善相应的管理体制,成立相应的行业协会,建立产业集群发展联席会议制度来协调产业集群内部的关系,共同管理产业集群,严格依法办事,强化政策导向,突出协调服务,提升工作效能,使产业集群朝着健康的方向发展。未来要充分发挥京津冀区域内各类滑雪市场主体的比较优势,支持滑雪企业以市场为导向,通过合资、联合、并购等方式扩大经营规模,形成一批创新能力和品牌影响力突出的冰雪行业领军企业以及多元化经营的大型滑雪企业集团;还要充分利用中小型滑雪企业决策集中度高、对市场反应灵敏的优势,全面推动滑雪企业在业态、运营、管理及模式等方面的革新,争取打造一批各具特色优势的冰雪"小巨人"和滑雪"单项冠军"企业。

(三)赓续滑雪文化基因

滑雪文化在我国自古有之,赓续滑雪文化基因,萃取精华、赋予新意,推动传统滑雪文化创造性转化和创新性发展是后奥运时期提升京津冀滑雪目的竞争力以及促进其高质量发展的必然选择。挖掘京津冀区域冰雪非物质文化遗产的内涵,在冰雪非遗项目保护、非遗大数据平台建设等方面提供财税金融支持,重点做好马拉雪橇、狗拉爬犁、冬季渔猎、抽冰猴、滑冰车、玩冰灯等传统冰雪体育活动的大众普及和市场推广。重点挖掘古代毛皮冰雪文化、现代滑雪文化、渔猎文化、民族文化、农耕文化、温泉养生文化等元素,鼓励开发嵌入冰雪元素的少数民族服饰、手工艺品、树皮画、石头制品等,对优秀传统冰雪艺术作品进行市场化开发。此外,还要创新性地运用新技术、新理念、新表达,传递滑雪文化精神。坚持高质量发展导向,扩大优质冰雪文化产品供给,强调科技赋能、数字驱动,支持 5G、大数据、云计算、人工智能、物联网、区块链等在冰雪文化产业领域的集成应用和创新,建设一批滑雪文化产业数字化应用场景,加快滑雪文化产业数字化布局,重塑滑雪文化发展新模式。支持冰雪文化博物馆、冰雪场馆、冰雪景区景点、冰雪产业园区等开发数字化产品和服务,培育数字冰雪文化产业新业态。大力培育特色鲜明的滑雪文化,强化目的地建筑、游客中心、路灯、广告牌、商店等现代有形冰雪文化符号的打造。联合其他国家举办冰雪探险、寒地新能源车竞速等比赛,提高京津冀区域现代冰雪文化的吸引力①。

二、促进业态融合,实现转型升级

(一)加强滑雪目的地与相关产业的延伸融合

滑雪目的地与相关业态间的延伸融合一般发生在与滑雪目的地存在产品和市场互补关系的相关生活性服务业之间,如文化产业、旅

---

① 刘花香. 后冬奥时代我国冰雪运动产业高质量发展研究[J]. 体育文化导刊,2023(6):82-88.

游产业、商贸房地产业、健康服务业等。挖掘培育本地区特色冰雪文化，讲好冰雪故事，鼓励冰雪文学、音乐、美术、摄影和宣传片、纪录片、影视剧等的创作，通过滑雪与文化产业的融合形成诸如滑雪装饰艺术品、滑雪传媒、滑雪会展、滑雪广告、滑雪演艺以及滑雪相关的影视等含有滑雪元素的新兴业态，依托环渤海经济带的区位优势，京津冀商贸、文旅行业较为发达，具备滑雪目的地与文化产业接洽融合的基础优势；还可以通过滑雪与旅游产业的延伸融合形成参观式滑雪旅游和体验式滑雪旅游，前者包括参与滑雪运动，后者包括观看滑雪竞赛，当前蓬勃发展的滑雪旅游是滑雪与相关业态融合中最具市场潜力的业态①，京津冀作为 2022 年冬奥赛事举办区域，发展滑雪旅游的各方面优势明显。将奥运会资源与北京、延庆、张家口地区的旅游度假资源进行产业联合，坚持体育牵引、文化赋能、旅游带动，塑造奥运会体育文化旅游新品牌，培育体育文化旅游融合发展样板。让"雪如意""冰丝带""雪游龙"等冬奥遗产更好地服务大众，打造具有活力的冬奥遗产旅游地，成为持续"走红"的国内外游客必经的"网红"打卡地，让雄伟的长城、神秘的古堡、叠翠的燕山山脉、碧玉般的温泉与冬奥遗产资源的旅游规划进行优化融合，探索冰雪运动与音乐、书法、绘画、电影、话剧等艺术形式的有机结合，让冬奥遗产资源焕发出持久迷人的光彩。要着力推进京张体育文化旅游带建设，促进京张两地共同打造后奥运经济高质量发展的增长极。而滑雪与商贸地产的融合通常是以滑雪设施为载体，为打造城市服务综合体而服务，以推动住宅、休闲以及商业等业务的综合开发。如哈尔滨万达滑雪乐园在规划设计的过程中充分考虑其作为城市发展功能配套设施的基本立场，将其打造成集健身、休闲、娱乐、购物于一体的城市服

---

① 高赛宇，曹连众，高圆媛. 我国冰雪产业链内容要素与优化路径研究[J]. 沈阳体育学院学报，2022(4):1-7.

务综合体①。由此可见,从横向上嫁接相关产业,促进京津冀滑雪目的地与相关产业的融合,是促进业态融合的渠道之一,有利于为京津冀区域滑雪产业的发展带来新市场、新业态、新商业模式。

(二)促进滑雪目的地与相关产业的渗透融合

滑雪与相关产业间的渗透融合一般是由网络信息产业对滑雪目的地的渗透而形成的一种新型滑雪网络信息业态。在倡导"互联网＋"的时代,网络信息在滑雪产业领域的渗透将愈发深入。如借助互联网渗透至滑雪场馆,有利于为滑雪消费者在线上线下购买产品提供便利。通过开发与滑雪相关的软件,能记录消费者滑雪的踪迹,同时借助应用程序,能够帮助消费者获取更多样化的信息,如当前的"滑呗"应用程序,就是网络信息渗透滑雪这一业态的典型。除此之外,滑雪装备制造业充分借助网络信息产业在研发设计等方面的优势,提高滑雪装备制造业的研发水平,生产出一批智能化的可穿戴设备,如市场上的一些具有急救信号警示功能的头盔。另外,滑雪相关用品通过与互联网的结合,在互联网上开设直接面向消费者的滑雪用品商务网站。当前,大量滑雪装备制造产品在天猫、京东等知名电商平台上均有销售。这种借助互联网的渗透是促进滑雪产业提档升级的渠道之一。京津冀区域作为通信高度发达的地区,集聚了大量复合型人才以及高科技成果,为区域内滑雪目的地与相关产业的渗透融合搭建了稳固桥梁。

(三)加强滑雪产业内部的重组融合

滑雪产业内部各个子产业间的重组融合一般是通过不同子产业在上下游产业链上的重组而实现的一种融合方式。以滑雪旅游为核心,通过与滑雪竞赛表演进行产业内的资源整合,从而通过赛事的影

---

① 张瑞林,金礼杰,王志文.中国滑雪产业与旅游产业融合发展的水平评估与影响因素[J].首都体育学院学报,2024(1):1-11,42.

响力和效应、媒体宣传以及相关赞助的方式来提高滑雪目的地的市场竞争力。要积极推动北京、延庆、张家口三个赛区的冬奥资源赛后利用联动发展，充分考虑春、夏、秋三季的运营，结合赛区的人文历史和自然生态优势，建立户外拓展训练中心，创新观光型或竞技型旅游项目，并加快发展区域特色旅游休闲、山地度假、户外运动等产业，实现各冬奥赛区赛后旅游产业的四季发展。在场馆的多业态利用模式挖掘方面，提升各赛区场馆的多功能复合利用潜力，让场馆具备承办多种体育赛事的能力，同时开发大型公共活动承办功能，为文化活动、展会活动、商贸交流活动、群众体育运动、音乐会等提供场地，实现冬奥场馆的四季持续运营；再以滑雪目的地的休闲度假为核心，通过与场地业态进行资源整合，来增加滑雪目的地的经营内容，提高目的地的经济效益。诸如京津冀区域借助巨大的消费市场潜在优势，部分滑雪场开展夏季运营，吸引大量的度假群体，此举通过充分利用自然资源以及闲置设施的方式，对已有条件展开整合与重组，既提高了资源的有效利用率，更为休闲娱乐提供了多样化的产品选择。由此可见，滑雪目的地应立足区域消费特征，创造契合市场需求的相关产品，并通过发挥滑雪产业内部各个子系统的重构作用，创造新产品、新服务，为产业的转型升级提供动能。

三、加强市场监管，规范行业发展

(一)强化行业协会的监督作用

近年来，京津冀区域滑雪市场发展速度迅猛，产业初级阶段所暴露出来的盲点与漏洞尽显，需大力整顿和规范滑雪市场的秩序，建立滑雪市场管理和监督检查的队伍，加大滑雪市场管理力度，坚决打击强买强卖、欺客宰客的恶劣行为。全面提升市场水准，建立健全滑雪行业咨询服务体系，树立区域良好形象。各滑雪度假区、景区以及宾馆、酒店等应设立相关咨询投诉电话，并将此类电话接入城市公共信息服务电话网络；在主要街道、滑雪场和交通道路上设立多语种标识及图像，同时积极开展滑雪保险和紧急救助业务；规范滑雪从业人员的语言和行为，有明确的职业道德要求并督促从业人员务必践行。同时需规范经营行为和市场竞争行为，通过许可经营的方式，在有序开发的原则下打造滑雪文化体验产品，并配合当地旅游业发展的整体宣传予以推广。在经营过程中，相关职能部门应当加强市场的监管与整顿，对从事滑雪体验服务业的经营者进行监督，保证其产品开发始终能够在正常的运行轨迹上开展，避免不良文化破坏区域滑雪产业整体的品牌影响力。

(二)引导行业走上健康轨道

我国滑雪行业发展尚处于初级阶段，京津冀区域滑雪市场作为后起之秀，应加强行业相关标准的建设，并学习先进经验，强化滑雪市场管理人员的专业培训，使其管理与服务符合专业规范，减少失误。抓好安全监管，加强制定滑雪场地设施安全监管制度，相关部门应定期对滑雪场地的救护设施及安全管理制度等进行检查，同时引导保险公司根据滑雪运动特点开发滑雪场地责任险、人身意外伤害险、滑雪场地设施财产险等产品，鼓励具备条件的单位和个人购买运动伤害类保险。在市场竞争日益激烈的大环境下，还应帮助滑雪场在市场竞争中摆脱低层次的价格战，引导市场向如何设计雪道、如何规划设施、如何更好地满足消费者需求等方向前进。在这个过程中，相关部门还应及时为滑雪场答疑解惑，共同研究发展思路和措施，从机制、政策、协调、服务等环节逐一突破，切实为滑雪场发展解决问题，打破行业发展的瓶颈，帮助滑雪场坚定发展信心，引导企业走上正轨。在发展相对成熟的冰雪场地，联合体育院校、俱乐部等组织机构建立冰雪培训基地或冰雪学校，培养场馆经营管理、健身指导、医疗保障等服务型人才。除此之外,要培育冰雪专业人才,依托崇礼国家综合训练基地,打造全国及全球冰雪运动训练中心、教育培训中心,在服务国家队专业训练的同时,引入国际一流的冰雪人才培训系统,通过开展专业授课训练培养一批冰雪运动员、教练员、裁判员等专业技术人才,还要充分发挥省级冰雪运动协会的作用,开展冰雪运动项目规划、活动组织、专业培训、评级定级等工作,构建大众滑雪教学评级体系,为各类冰雪人才营造专业的成长平台①。另外要构建更高层次、更高水平的对外开放机制。用好国内国际两种市场、两种资源,充分利用我国超大规模市场和全球最大冰雪初级市场的比较优势,吸引全球优质冰雪要素资源在京津冀的互联互通。积极主动参与全球冰雪经济治理,号召各国商谈共建冰雪体育示范区,打造冰雪国际利益共同体。

(三)挖掘滑雪消费潜力,稳定市场基本盘

以促滑雪消费稳住京津冀滑雪经济基本盘,推动滑雪消费持续恢复和升级,增强滑雪消费对经济发展的推动作用。积极开展滑雪消费试点工作,推动滑雪消费试点地区通过打造定制、智能、时尚滑雪消费的新模式、新业态,开拓沉浸式、互动式滑雪消费新场景,通过发放滑雪消费券、推出滑雪消费节,组织滑雪装备用品店、滑雪体育场馆、滑雪教学培训机构、金融保险企业等每年冰雪消费季期间集中推出优惠让利、免费体验、消费补贴、赛事引领等活动,更好满足人们日益增长的滑雪运动消费需求,加强对滑雪消费权益的保护。加快滑雪消费领域标准化体系建设,持续开展冰雪器材装备、冰雪设施设备、冰雪场馆、冰雪营地建设、管理和服务等标准的制定与修订工作。加强滑雪市场监管,加大对滑雪市场违法违规经营行为的打击力度,

---

① 张瑞林,李凌.我国冰雪产业发展的影响因素及对策分析[J].武汉体育学院学报,2022(11):13-21.

规范滑雪市场秩序。完善滑雪消费维权途径,通过开展滑雪消费权益维护公益讲座等方式,切实帮助消费者掌握相关法律知识,提升消费者的维权意识。另外,充分发挥消费者协会等第三方的监督作用,共同为滑雪消费创造健康安全的良好环境。

第三节　企业层面

一、采取战略联盟,去粗放取集约

(一)企业之间主动联姻,促成战略合作,走集团化发展的道路

随着滑雪市场的发展,国内一些滑雪场也在寻求相应的合作来提高市场占有率,从最初的"亚布力三山联盟"到后来的"湖壶合作"以及云顶、万龙的"强强联合",都透露出我国滑雪企业正逐渐改变经营战略,试图建立合作关系,来形成同业联动的优势。尽管合作模式已然启动,但实质性的合作内容仍需要进一步加强和充实。在这一现实背景下,促进企业之间多项内容的接洽成为推动滑雪目的地转型升级的重要手段。在这个过程中,实力较强的企业应充当"先锋",为后续中小型滑雪企业的合作做好示范,同时位置邻近或者体量规模相近的滑雪场可通过参股、合资、兼并、重组、合作开发运营等方式,适时组建具有特色的滑雪集团,通过滑雪场之间进一步的细化分工,推动大中小型滑雪场的集团化,形成布局合理的滑雪场接待网络。这种滑雪场之间的互通、协作和联营有利于形成集团优势,通过相互输出先进的管理模式和经验,减少不良竞争,实现协调发展。因此,在抱团取暖的过程中,积极探索高效经营模式,制定恰当的利益分配机制,推进与相关企业的横向和纵向的联动,实现滑雪企业的连锁化、网络化、集团化经营。

(二)借鉴国外管理经验

位于环渤海经济带的京津冀区域,国际化发展程度较高,国际往来较为频繁,资源、人才、技术的流动性较强,有利于各种要素在区域内向滑雪目的地渗透。为此,京津冀区域的滑雪目的地应借助优势资源加强与国外滑雪产业的合作,积极学习并借鉴先进的开发、经营、管理服务理念和经验。例如,瑞士的"政府扶持、协会管理、企业主导、市场化运作"机制就具有较好的借鉴作用。然后要引进发达国家滑雪场的运营模式。靠资源取胜的欧洲特别是阿尔卑斯地区与京津冀区域在资源上有着较大的差距,因此相对来说北美和韩国的滑雪场通过有效的组织和市场营销取得成功的案例更值得京津冀区域借鉴,尤其是韩国的滑雪场,其通过推动滑雪场的四季运营来解决资源闲置、营收增长缓慢以及人才流失等问题。因此,在产业开发的宏观层面,滑雪企业可以学习美国和加拿大滑雪场的公司管理模式;在中观层面,学习日本、韩国注重细节服务的理念;在微观层面,则应更多地融入中国元素,最终形成符合滑雪市场发展规律、适应中国市场行情的特色运营管理模式。

二、丰富产品类型,提升服务品质

(一)优化产品结构,构建多元化产品体系

京津冀区域的滑雪场还处在创新不足的粗放型发展阶段,因此,滑雪场馆需要不断创新滑雪产品,打造自己的品牌来提高知名度,从而增加企业效益。在这个过程中,必须以市场需求变化为航标,加强滑雪产品结构调整,优化产品结构,实现滑雪产品的提档升级,推进滑雪产品系列化、创新性发展,以提升产品市场竞争力。产品的开发应秉承"培育精品、突出特色、强化宣传"的新型理念,并积极培育新型滑雪产品,创造出具有吸引力和地区差异性的滑雪产品。例如,提

升滑雪产品档次,进一步加快发展四季产品等。充分利用区域内内涵丰富的历史文化资源,推进滑雪与历史文化内容的融合,研发各类滑雪文化产品。同时利用现代化、国际化视野谋划和推动创意滑雪市场发展,将滑雪场与影视、动漫、创意设计等新兴元素相结合,同时加强滑雪场与研学教育的合作,融合科普、历史及生活实践教育等。利用系列产品的差异实现优势互补,在错位竞争中寻找亮点,找准自身的优势,构建大众产品与高端产品结合、观光产品与休闲度假产品结合、传统产品与新型产品结合的相对完善的滑雪产品供给体系。

(二)提高滑雪场硬件和软件服务的体验感

滑雪场的场地硬件设施以及服务的质量通常能够决定消费者的体验感。从滑雪场的雪质、提升设备的等待时间、雪道多样化程度、雪道空间密集程度等硬性条件到餐饮、住宿、人员的服务质量等软性条件,都对消费者的体验感有着不同程度的影响。京津冀区域集聚了对滑雪目的地有着多样化需求的人群,既有对滑雪场地设施及配套服务有着高品质要求的滑雪痴迷者,也有初入滑雪场的初级爱好者,因此,滑雪场要想在竞争中立于不败之地,就需要完善场地专业基础设施,保证滑雪装备的质量以及提高整个滑雪场的服务质量,同时建立滑雪场的运营安全管理制度,并成立检查组,建立应急响应机制及安全预案,并定期演练。除此之外,还需加强一线员工的风险意识及培训,完善涉及运营安全的硬件设施及应急救援设备,做好处理突发事件的应急方案,采取有效的措施防止安全事故发生,对于可能发生的事故还需制定补救预案。通过优质的服务和友好的人际互动给客户带来不同寻常的滑雪消费体验,从而提升客户的满意度。另外,要利用各种智能化的设备和系统,引入大数据、人工智能等新技术,通过人脸识别系统、智能自助售票系统、智能门禁、智能闸机系统、智能集控柜系统、教练约课系统等,让消费者在进出滑雪场地、租赁装备、就餐、预订酒店、预约教练时只要刷脸(一卡通或手环)就可实现快速办理,极大地提高滑雪消费者的体验感。

三、更新经营理念,积极开拓市场

(一)改变经营管理理念

京津冀区域滑雪场的运营企业应该借鉴现代化企业管理模式,更新企业经营管理理念,始终把滑雪消费者的体验及相关利益放在首位,根据市场的变化、客户的需求,创新经营管理方式,加强企业文化建设。具体内容包括调整滑雪企业的组织结构和管理模式,加强滑雪企业各个部门之间的沟通,促使管理决策科学化与民主化。同时加强对各部门员工的考核,针对考核制度中存在的漏洞进行进一步完善,通过设立奖励机制来激发员工的工作热情,在完善员工晋升制度的过程中,对工作表现优异的员工进行提拔,做到公开、公平,使企业员工能够在自己的工作岗位上发挥最大的作用,从而为滑雪企业创造更大的价值;与此同时,要强化价格和成本管理,提高滑雪场服务的质量和水平,进一步对产品和服务进行优化,使滑雪企业的内部资源得到充分利用;还可以通过工种合并、能者多劳的方法来降低成本。为进一步提升滑雪企业运营的稳定性,滑雪场可以面向社会组织、社会公众公开募集资金,吸引更多社会闲散资金流入滑雪产业[①]。另外,未来要制定滑雪场馆智慧化转型的发展规划和总体框架,明确战略层面上的滑雪场馆数字化愿景和价值,以及执行层面上的业务创新、技术应用和系统建设的路径,通过数字化统筹推动形成滑雪场馆跨部门、跨单位、跨职能的集体努力和知识共享。

---

① 方琰,徐海滨,蒋依依. 多源数据融合的中国滑雪场空间活力评价研究[J]. 地理研究,2023(2):389-406.

(二)充分利用新技术平台

随着消费的转型升级,体验式消费受到消费者青睐,互联网渗透带来的巨大便利大大改变了传统滑雪场的经营模式,融合互联网技术形成的智能型滑雪场受到了消费者的欢迎。当前,数字技术在滑雪目的地的应用程度有限,且大多集中在大型滑雪场,互联网技术在中小型滑雪场的渗透率较低。京津冀作为冬奥盛会的承办区域,滑雪场应转变传统的经营观念,充分认识到滑雪目的地的智慧化转型升级不仅是一种方式,还是系统的变革;不仅覆盖基建改造、设备购买、人力培训、技术服务、系统升级等流程,还包括组织重构、数字营销、智慧办公、舆情监控、餐饮住宿、安全保障等板块。从滑雪场的信息基础设施建设到各类线上业务平台的搭建,再到数字治理模式的常态化运行等,最终目标是实现滑雪企业与数字技术的融合共生①。同时,通过建立和完善涵盖滑雪资讯、线路动态信息、酒店预订、在线论坛等内容的滑雪信息数据库,确保滑雪信息的全面、及时、准确,以满足消费者的需求。另外,充分利用互联网技术、5G、人工智能、云计算等帮助运营商了解客户的需求和意愿,通过集成滑雪消费者的信息,准确了解滑雪消费者的兴趣爱好,为其提供个性化服务与准确信息,如根据滑雪消费者的消费档次、滑雪时间、兴趣爱好等设计智能化的滑雪路线,挖掘其潜在价值,促进无序、杂乱的数据资源转化为有序、专业的知识内容,为滑雪场的决策提供参考依据②。

(三)做好营销推广,塑造滑雪品牌

现在滑雪营销所依赖的媒体渠道已经不再是单一化的,而是多

---

① 江涵逸,黄炜逸,郑芳.后冬奥时代我国冰雪运动数字化的价值审视与策略研探[J].体育学研究,2022(5):103-111.
② 张润宇.冰雪产业数字化转型与冰雪体育消费:互动逻辑及双向促进[J].武汉体育学院学报,2024(4):52-58.

类媒体的融合。互联网和信息技术的飞速发展将推进滑雪市场营销的网络化进程,通过综合电视媒体、平面媒体、户外媒体及网络媒体等多种宣传渠道,构建立体式的宣传营销方式。首先,要畅通国内市场。对事关京津冀滑雪旅游发展全局的大项目、大活动实行统一安排、统一布局、统一营销,形成区域范围内协调一致的高效大循环,加强三地媒体合作,建立宣传营销联动机制,共同组织面向珠三角、长三角及国际重点滑雪客源市场的营销活动,共同开发推广滑雪旅游"京津冀礼物",推动京津冀滑雪旅游走向全国、走向世界。其次,要加强区域合作。加强与东北三省、新疆的交流合作,依托旅游推广联盟等联合营销,以京津冀为核心区,推进"冰雪丝路"建设,推动"一带一路"在京津冀区域的再挖掘、再实践①。最后,要加强省际交流。积极对接新疆等冰雪旅游目的地,在产品创新、营销策略、人员培训等方面实行多方位互动与交流,加强京吉、吉浙协作,推动冰雪经济南北合作。京津冀应以更开放的态度、更优惠的措施、更灵活的举措吸引滑雪旅游发展强国的冰雪旅行商、投资人到京津冀投资创办滑雪企业实体,同时要积极与"一带一路"合作伙伴、京津冀国际友好城市、周边邻近国家展开合作交流,共同探讨与冰雪旅游推广相关的事宜②。

第四节　本章小结

从全国各地滑雪市场的比较研究可以看出,京津冀区域滑雪目的地是全国最具竞争力的区域,作为竞争力最强区域,京津冀整体发

---

① 王飞,张莹,孙大海,等. 以冰雪运动高质量发展推进体育强国建设:现实基础、困境与战略路径[J]. 沈阳体育学院学报,2023(3):24-30.
② 张瑞林. 新时代冰雪旅游协同生态文明建设:逻辑理路与推进策略[J]. 体育学研究,2024(2):52-62.

展不平衡的特征明显,相对于河北及北京来说,天津滑雪市场的发展较为落后。此外,东三省滑雪目的地作为老牌滑雪市场,依然是京津冀区域的最强竞争对手。作为中国滑雪市场的后起之秀,依托2022年冬奥契机,京津冀区域滑雪市场被寄予厚望,承担着推动中国滑雪市场发展的重要任务,是未来引导我国滑雪产业发展的"排头兵"和"领头羊"。基于此,笔者认为应该联动政府、社会组织以及企业等多方力量,通过发挥协同作用促进京津冀区域滑雪目的地提档升级,迈上发展新台阶。政府方面:应该打破地域壁垒,铸造区域品牌;制定发展规划,出台政策法规;完善设施建设,强化环境保护。产业层面:利用集聚优势,实现集群发展;促进业态融合,实现转型升级;加强市场监管,规范行业发展。企业层面:采取战略联盟,去粗放取集约;丰富产品类型,提升服务品质;更新经营理念,积极开拓市场。

参考文献

40 年来第一次在圣诞假期停摆 气候变暖牵累意大利滑雪业 [EB/OL]. (2023-04-04)[2024-07-01]. https://focus. scol. com. cn/zgsz/202304/58844119. html.

Yangutova A，董锁成 ，程昊，等. 俄罗斯环贝加尔湖滑雪旅游区竞争力评价研究[J]. 中国生态旅游，2021(6):908-925.

白蕴超，林显鹏. 冬奥背景下我国大众滑雪消费行为意向研究——以崇礼地区为例[J].沈阳体育学院学报，2021(2):77-85.

白蕴超，阮飞，郑佳淇，等. 我国度假型滑雪场旅游吸引力评价研究[J]. 河北体育学院学报，2024(3):38-47.

曹宁，郭舒，隋鑫. 旅游目的地竞争力问题研究提纲[J]. 社会科学家，2003(6):89-93.

柴寿升，付艳慧，郭晶. 旅游目的地竞争力构成要素分析——以滑雪旅游为例[J]. 中国海洋大学学报(社会科学版)，2009(3):61-64.

长野白马村 17/18 雪季吸引 33 万外国雪友 粉雪体验与交通改善成主因［EB/OL］.（2018-06-21）［2024-07-01］. http://japan. people. com. cn/n1/2018/0621/c35421-30072268. html.

陈钢华，张艳，胡宪洋. 滑雪度假区属性的结构维度及其影响研究[J]. 地理研究，2023(2):371-388.

陈嘉琪. 滑雪目的地社区居民参与意愿研究——以崇礼为例

[J]. 石家庄学院学报，2019(6)：92-96.

陈琳，李桂华. 后冬奥时期日本发展冰雪运动的实践经验及对我国的启示[J]. 沈阳体育学院学报，2022(6)：57-63.

陈明辉，王庆伟，张树敏，等. 北京冬奥会背景下京津冀冰雪赛事协同发展研究[J]. 西安体育学院学报，2021(4)：441-448.

陈曲骏骊. 我国滑雪旅游度假区发展现状及趋势研究[D]. 哈尔滨：哈尔滨体育学院，2016.

城市智见|《京津冀蓝皮书：京津冀发展报告(2023)》发布[EB/OL]. (2023-08-23)[2024-07-01]. https://www. sohu. com/a/714248092_121730937.

程志会，刘锴，孙静，等. 中国冰雪旅游基地适宜性综合评价研究[J]. 资源科学，2016(12)：2233-2243.

春节接待游客151. 71万人次！张家口旅游业回暖复苏[EB/OL]. (2023-01-31)[2024-07-01]. http://www. zjknews. com/news/dujia/2023/01/384436. html.

翠云山银河滑雪场[EB/OL]. (2022-06-14)[2024-07-01]. https://baike. sogou. com/v168095831. htm.

调查显示：日本滑雪人数较20年前大幅减少[EB/OL]. (2021-12-03)[2024-07-01]. http://sports. news. cn/c/2021-12-03/c_1128127736. htm.

董亚娟，马耀峰. 山水型旅游目的地竞争力提升研究——以陕西大南宫山旅游区为例[J]. 特区经济，2009(5)：163-165.

端午假期吉林省周边游预订单量同比增长73%[EB/OL]. (2024-06-05)[2024-07-01]. http://www. jl. xinhuanet. com/20240605/ddc92303e95b4b8da539a3776aef7153/c. html.

方琰，徐海滨，蒋依依. 多源数据融合的中国滑雪场空间活力评价研究[J]. 地理研究，2023(2)：389-406.

付卉，宫长海，张竞. 冰雪旅游产业综合评价体系构建及实证研究——基于吉林市 2018—2021 年的指标数据[J]. 北华大学学报（社会科学版），2022(6):114-123.

高寰宇，曹连众，高圆媛. 我国冰雪产业链内容要素与优化路径研究[J]. 沈阳体育学院学报，2022(4):1-7.

管建良，王飞，马莉娅. "双碳"目标下滑雪旅游产业可持续发展困境及应对策略[J]. 体育文化导刊，2023(1):98-103,110.

国家高山滑雪中心｜中国建筑设计研究院[EB/OL]. (2021-10-13)[2024-07-01]. http://www. archina. com/index. php?g＝works&m＝index&a＝show&id＝10379.

韩国纲，张守信. 基于德尔菲法的滑雪旅游目的地竞争力的影响因素[J]. 冰雪运动，2015(2):71-75.

河北省推动冰雪运动高质量发展新闻发布会在石家庄召开[EB/OL]. （2024-03-21）[2024-07-01]. https://sport. hebei. gov. cn/shengjuyaowen/2024/0321/23335. html? WebShieldDRSessionVerify ＝QempLGl-KicSRMGvPToTD.

河北发布冰雪运动高质量发展数据 冰雪运动强省建设成效显著[EB/OL]. (2024-03-21)[2024-07-01]. http://news. sjzdaily. com. cn/2024/03/21/99887304. html.

后冬奥首个完整雪季——河北崇礼接待游客超 441 万人次[EB/OL]. （2024-04-11）[2024-07-01]. https://www. sport. gov. cn/n20001280/n20067608/n20067635/c27628429/content. html.

贾红乾. 亚布力滑雪旅游度假区发展对策研究[D]. 哈尔滨:黑龙江大学，2015.

贾志强，刘花香. 我国地区性滑雪场的市场竞争力的实证研究:以京冀地区与黑吉地区为例[J]. 首都体育学院学报，2022(3):305-313.

贾志强，刘花香. 中西滑雪旅游业发展要素的比较、启示与路径研究——基于供给侧改革视角[J]. 山东体育学院学报，2021(1)：22-28.

江涵逸，黄炜逸，郑芳. 后冬奥时代我国冰雪运动数字化的价值审视与策略研探[J]. 体育学研究，2022(5)：103-111.

蒋依依，洪鹏飞，谢婷，等. 京张体育文化旅游带建设的使命与路径[J]. 北京体育大学学报，2021(4)：1-12.

接待游客超4000万人次！今年一季度新疆文旅市场"春意盎然"[EB/OL]. (2024-04-09)[2024-07-01]. https：//www. xinjiang. gov. cn/xinjiang/bmdt/202404/3142b43da63b4c17b393f20ae5a0556f. shtml.

京张两地如何实现冰雪经济的协同发展？专家解读[EB/OL]. （2021-10-30）［2024-07-01］. https：//baijiahao. baidu. com/s？ id＝1715027048626790130.

阚军常，姜立嘉. 我国滑雪场发展现状的调查与分析[J]. 武汉体育学院学报，2012(1)：3942.

黎明，刘丹. 浅谈黑龙江省滑雪旅游度假区的可持续发展——以亚布力滑雪旅游度假区总体规划为例[J]. 中国科技信息，2005(13)：98-98.

李安娜，丛冬梅. 基于"钻石模型"的东北滑雪目的地竞争力研究[J]. 冰雪运动，2021(1)：77-82.

李佳，和智璇. 基于结构方程模型的冰雪旅游目的地形象感知研究——以长春冰雪新天地为例[J]. 资源开发与市场，2024(5)：1-14.

李锦宏，曾雪，曹庆瑶，等. 喀斯特山地旅游生态系统安全评价及趋势预测——以贵州国际山地旅游目的地为考察样本[J]. 生态经济，2022(9)：145-151.

李君婷. 冰雪旅游景区旅游体验质量评价与提升研究——以哈

尔滨冰雪大世界为例[J].经营与管理,2023(11):147-152.

李树旺,李京律,刘潇锴,等.滑雪旅游服务质量评价与后北京冬奥会时期的优化对策——从北京雪场滑雪游客感知的视角切入[J].北京体育大学学报,2022(5):146-161.

李燕燕,兰自力,闫语.基于修正 IPA 分析的区域滑雪场服务质量关键性问题研究——以"北雪南展"示范地鄂西神农架为例[J].武汉体育学院学报,2022(12):58-65.

李颖,朱天龙,姚冰,等.近20年北京和张家口地区滑雪场发展及其空间分布特征[J].经济地理,2022(1):191-198.

林海明,张文霖.主成分分析与因子分析的异同和 SPSS 软件——兼与刘玉玫、卢纹岱等同志商榷[J].统计研究,2005(3):65-69.

林明水,廖茂林,王开泳.国家全域旅游示范区竞争力评价研究[J].中国人口资源与环境,2018(11):83-90.

林志刚,李杉杉,吴玲敏.2022年北京冬奥会推动京津冀冰雪旅游公共服务协同发展策略研究[J].中国体育科技,2021(9):20-28.

刘花香,曹芳平.智慧滑雪场馆建设的驱动机制、现实掣肘与实践进路[J].首都体育学院学报,2024(2):154-162.

刘花香,贾志强,刘仁辉.中国冰雪运动文化的流变与当代建构[J].体育文化导刊,2017(12):13-17.

刘花香.后冬奥时代我国冰雪运动产业高质量发展研究[J].体育文化导刊,2023(6):82-88.

刘维星.基于波特钻石模型的福建乡村旅游产业竞争力分析[D].福州:福建农林大学,2016.

刘宇峰,孙虎,李娜,等.省域旅游竞争力评价指标体系的构建及应用[J].干旱区资源与环境,2008(8):93-97.

路来冰，杨少雄，陈薇. 基于网络文本的我国滑雪场形象感知研究——以京津冀与东北三省为例[J]. 吉林体育学院学报，2023(1):92-101.

路璐. 滑雪游客感知价值、满意度与行为意向的关系研究[D]. 石家庄:河北师范大学，2018.

吕婵，阚军常，叶海波. 京津冀推进"3亿人参与冰雪运动"的政策研判、现实困境及应然选择[J]. 吉林体育学院学报，2022(1):85-90.

吕婵，麻冬梅，姚世庆，等. 我国部分地区滑雪场发展现状及对策研究[J]. 哈尔滨体育学院学报，2012(4):35-39.

绿色办奥，让北京冬奥会"冰雪之约"变得"绿意盎然"[EB/OL]. (2022-01-17)[2024-07-01]. http://finance.people.com.cn/n1/2022/0117/c1004-32333359.html.

马微，米娅莉，杨新明. 滑雪损伤情况调查——以河北崇礼某雪场为例[J]. 河北北方学院学报(自然科学版)，2021(8):19-21.

马雪茹，游雪莹，史东燕. 天津市推动滑雪产业发展的swot分析[J]. 当代体育科技，2018(3):232-233.

马勇，陈慧英. 乡村旅游目的地评价综合指标体系研究[J]. 湖北大学学报(哲学社会科学版)，2014(3):137-142.

亓顺红，王敏，李娟，等. 滑雪旅游消费者行为意向影响因素及其影响机理研究——基于消费者滑雪水平的多群组比较分析[J]. 中国体育科技，2023(8):90-97.

亓顺红，王敏，李娟，等. 滑雪旅游服务高质量供给路径与策略:一项滑雪游客忠诚度影响因素的实证研究[J]. 山东体育学院学报，2023(5):70-79.

任桐. 冰雪旅游目的地引力模式的理论与实证研究——以吉林市为例[D]. 长春:东北师范大学，2012.

日本冰雪运动发展变迁及启示[EB/OL].(2022-05-10)[2024-07-01]. https://mp.weixin.qq.com/s?_biz.

商业基础知识编写组.商业基础知识[M].北京:中国财政经济出版社,1981.

邵奇.京津冀地区体育服务产业集群化发展研究[D].西安:陕西师范大学,2016.

史晋娜.全域旅游背景下冰雪旅游目的地引力模式探析[J].社会科学家,2020(6):73-79.

数说京津冀协同发展九年:铁路总里程达10848公里[EB/OL].(2023-02-21)[2024-07-01]. https://news.bjd.com.cn/2023/02/22/10344838.shtml.

宋大维,王忠.京冀地区滑雪旅游产业现状与营销策略比较研究[J].冰雪运动,2014(6):64-69.

宋晓雪.我国滑雪场设施与装备发展现状及对策研究[D].北京:北京体育大学,2017.

苏贝,夏敏慧."钻石理论"模型下海南海洋体育旅游目的地竞争力现状分析[J].海南广播电视大学学报,2015(3):58-61.

孙大海,韩平,王飞,等.日本滑雪场运营模式、理念驱动与启示[J].体育文化导刊,2021(1):104-110.

孙大海,韩平.滑雪旅游资源开发:禀赋指标、模式与优化路径研究[J].中国体育科技,2021(11):14-19.

孙文文,刘希佳.后冬奥时代张家口市滑雪产业竞争力的分析与提升——基于"钻石模型"理论[J].冰雪运动,2023(6):73-76.

唐承财,方琰,厉新建,等.新时代中国冰雪旅游高质量发展模式构建与路径创新[J].干旱区资源与环境,2023(12):140-150.

天定山滑雪场国内首创冰雪一站式服务大厅满足多元需求[EB/OL].(2020-01-07)[2024-07-01]. https://www.ximalaya.

com/sound/242329938.

汪品植. 气候变暖让滑雪胜地褪去光芒[N]. 环球时报，2023-02-07(5).

王蓓，张楠，谢慧松. 北京冬奥会背景下京津冀地区冰雪体育旅游业发展困境与对策[J]. 体育文化导刊，2021(10):71-77.

王超，杜唯，杜春华. 数字技术赋能冰雪产业高质量发展的理论内涵、现实困境与实践路径[J]. 沈阳体育学院学报，2022(5):21-27,95.

王储，把多勋，马斌斌，等. 2022年北京冬奥会背景下西北五省区冰雪旅游目的地协同发展研究——基于时空差异视角[J]. 新疆大学学报(哲学社会科学版)，2022(3):9-17.

王储，卢长宝，把多勋，等. 中国代表性滑雪场网络关注度时空演变及影响因素[J]. 自然资源学报，2022(9):2367-2386.

王飞，张莹，孙大海，等. 以冰雪运动高质量发展推进体育强国建设:现实基础、困境与战略路径[J]. 沈阳体育学院学报，2023(3):24-30.

王飞，朱志强. 推进滑雪产业发展的大型滑雪旅游度假区建设研究[J]. 体育科学，2017(4):11-19.

王飞. 体验诉求视域下我国滑雪服务的竞争优势提升研究[J]. 体育科学，2018(9):88-97.

王淼. WD集团滑雪度假区营销策略研究[D]. 北京:北京工业大学，2017.

王润，魏绮梦. 滑雪运动产业发展的政策分析——基于张家口崇礼的扎根理论研究[J]. 河北科技大学学报(社会科学版)，2022(3):20-27.

王兴凯，孙学敏. 企业竞争力概念的演化与发展[J]. 华北水利水电学院学报(社科版)，2007(3):58-60.

王艳. 基于聚类分析的林分生长模型研究[D]. 哈尔滨:东北林业大学,2013.

王艳兵,王文霞,樊晓兵,等. 高山滑雪场游客安全救护模式研究——以张家口崇礼区为例[J]. 河北北方学院学报(社会科学版),2017(2):109-112.

王艳兵,王文霞,樊晓兵,等. 高山滑雪场游客安全救护模式研究——以张家口崇礼区为例[J]. 河北北方学院学报(社会科学版),2017(2):109-112.

王者,蒋依依,厉新建,等. 滑雪旅游能否改善地区经济?——以冬季奥林匹克举办地崇礼为例[J]. 资源与生态学报,2022(4):603-612.

吴琳,王萍,王飞. 三维度框架下日本滑雪产业的战略模式分析与启示[J]. 上海体育学院学报,2022(9):42-52.

吴玲敏,任保国,和立新,等. 北京冬奥会推动京津冀冰雪旅游发展效应及协同推进策略研究[J]. 北京体育大学学报,2019(1):50-59.

伍斌,魏庆华. 中国滑雪产业白皮书(2017年度报告)[R]. 北京:国际会议中心,2017.

武雨佳,王庆伟,刘弋飞. 2022年冬奥会背景下京津冀大众滑雪赛事协同发展研究[J]. 沈阳体育学院学报,2021(5):16-23.

县县都有滑冰馆!河北省冰雪场馆数量位居全国首位[EB/OL]. (2020-12-28)[2024-07-01]. https://baijiahao.baidu.com/s?id=1687291404779960029.

消费火热人气旺——写在2023—2024雪季收官之际[EB/OL]. (2024-03-10)[2024-07-01]. https://www.sohu.com/a/763201678_121124699.

邢金明,欧阳井凤,马林晓. 绿色责任:我国滑雪产业可持续发展考量[J]. 体育文化导刊，2024(4):82-89.

性价比之王——万峰通化滑雪度假区的开板价套餐来啦[EB/OL].（2022-09-28）[2024-07-01]. https://travel. sohu. com/a/588746683_121124401.

徐静，王安茹，田淑慧. 冰雪旅游目的地的游客选择意愿及影响因素研究——基于扎根理论的质性分析[J]. 价格理论与实践，2021(3):118-121.

许寒冰. 我国滑雪场地服务业竞争力分析[J]. 北京体育大学学报，2018(4):44-49.

研究显示全球变暖严重威胁欧洲滑雪胜地[EB/OL].（2023-08-29）[2024-07-01]. http://www. news. cn/2023-08/29/c_1129832519. htm.

杨丽花，王德显. 后冬奥时代冰雪产业可持续发展的制度构建[J]. 北京体育大学学报，2022(5):135-145.

杨润田，徐腾达. 冬奥会背景下崇礼滑雪旅游产业的发展规模——基于经济预测的视角[J].沈阳体育学院学报，2019(6):1-7.

姚小林. 京张地区冰雪体育资源的SWOT分析与开发对策[J]. 哈尔滨体育学院学报，2018(3):15-21.

叶海波，张莹. 我国滑雪旅游产业的可持续发展研究[J]. 冰雪运动，2015(4):88-92.

于文谦，朱焱. 我国滑雪场地服务质量评价与改进研究[J]. 首都体育学院学报，2019(1):33-37.

俞健业. 文化创意视角下的番禺珠宝产业竞争力研究[D]. 广州:中山大学，2010.

袁一鸣. 北京市滑雪场滑雪教练员素质研究[D]. 北京:北京体育大学，2017.

岳辉. 解析体育旅游目的地竞争力的提升路径[J]. 科技资讯，2018(9):219-221.

臧德霞. 基于因子分析的旅游目的地竞争力评价指标体系研究[J]. 北京第二外国语学院学报,2009(9):20-27.

张东亮. 旅游目的地竞争力指标体系及评价研究[D]. 杭州:浙江大学,2006.

张剑峰,高绪秀,王怡雯,等. 京津冀网球产业协同发展策略研究[J]. 山东体育学院学报,2016(3):49-52.

张金昌. 国际竞争力评价的理论和方法研究[D]. 北京:中国社会科学院研究生院,2001.

张军,孙铭泽. 辽宁省冰雪运动产业发展潜力评价指标体系研究[J]. 辽宁师范大学学报(自然科学版),2023(3):416-421.

张立明,赵黎明. 旅游目的地系统及空间演变模式研究——以长江三峡旅游目的地为例[J]. 西南交通大学学报(社会科学版),2005(1):78-83.

张瑞林,金礼杰,王志文. 中国滑雪产业与旅游产业融合发展的水平评估与影响因素[J]. 首都体育学院学报,2024(1):1-11,42.

张瑞林,李凌,车雯. 基于社会阶层理论的滑雪体育赛事消费行为与营销策略研究[J]. 北京体育大学学报,2019(11):23-34.

张瑞林,李凌. 我国冰雪产业发展的影响因素及对策分析[J]. 武汉体育学院学报,2022(11):13-21.

张瑞林,周文静. 中国滑雪产业高质量发展的问题审视、理论要素与驱动路径[J]. 北京体育大学学报,2023(3):1-9.

张瑞林. 新时代冰雪旅游协同生态文明建设:逻辑理路与推进策略[J]. 体育学研究,2024(2):52-62.

张润宇. 冰雪产业数字化转型与冰雪体育消费:互动逻辑及双向促进[J]. 武汉体育学院学报,2024(4):52-58.

张善斌,朱宝峰,董欣. 我国滑雪休闲度假旅游发展研究[J]. 体育文化导刊,2018(9):65-69.

张天琦，张崇龙，邱森，等. 京张滑雪旅游带的全域构想、国际镜鉴与实现路径[J]. 沈阳体育学院学报，2023(1):138-144.

张卫，程照轩，杨金田. 京张体育文化旅游带游客感知意象对满意度评价的非对称性影响[J]. 上海体育大学学报，2024(3):96-104.

张莹，叶海波，陈艳霞. 冬奥会背景下崇礼县滑雪场发展现状与前景[J]. 冰雪运动，2016(2):78-82.

章海山. 企业竞争伦理机制的探析[J]. 中山大学学报(社会科学版)，2001(2):1-7.

章永来，周耀鉴. 聚类算法综述[J]. 计算机应用，2019(7):1869-1882.

郑蓓蓓. 基于五因素模型的大型滑雪旅游度假区竞争力评价研究[J]. 吉林体育学院学报，2020(3):82-87.

郑鹏，刘壮，陈家怡，等. 青藏高原县域旅游目的地竞争力评价及障碍分析[J]. 干旱区资源与环境，2023(2):177-185.

周爱林. 滑雪旅游目的地形象感知研究——基于网络文本分析[J]. 旅游纵览，2022(12):15-17,22.

周文静，张瑞林. 基于 PMC 指数模型的冰雪产业政策量化评价及实证研究[J]. 武汉体育学院学报，2022(4):42-48.

朱东华. 我国滑雪场安全设施现状与提升对策研究[J]. 冰雪运动，2015(1):25-28.

朱凯迪，马思雨，王莹，等. 冬奥会促进就业:国际镜鉴与中国方略[J]. 成都体育学院学报，2024(1):53-60.

最热滑雪季新疆成"新宠":成都、西安、北京为首要客源地 雪场预期客流过百万人[EB/OL]. (2023-12-12)[2024-07-01]. https://baijiahao.baidu.com/s?id=17850607051552258161&wfr=spider&for=pc.

Dawson, J. Managing for climate change in the alpine ski sector[J]. Tourism Management, 2013(35):244-254.

Elsasser H, Bürki R. Climate change as a threat to tourism in the Alps[J]. Climate Research, 2002(3):253-257.

Ferrand A, Vecchiatini D. The effect of service performance and ski resort image on skiers' satisfaction[J]. European Journal of Sport Science, 2002(2):1-17.

Fischer A, Olefs M, Abermann J. Glaciers, snow and ski tourism in Austria's changing climate[J]. Annals of Glaciology, 2011(58):89-96.

Flagestad A. Strategic success in winter sports destinations: A sustainable value creation perspective[J]. Tourism Management, 2001(22):445-461.

François H, Samacoïts R, Bird D N, et al. Climate change exacerbates snow-water-energy challenges for European ski tourism [J]. Nature Climate Change, 2023(13):935-942.

Gill A, Gill A, Hartman R. Issues and problems of community development in Whistler, British Columbia[J]. Mountain Resort Development, 1991(34):27-31.

Gruas L, Perrin-Malterre C. How green can they be? A survey of ski tourers' pro-environmental behaviour[J]. Leisure Studies, 2024(23):234-241.

Hartmann R, Broadway S. Vail: Explaining growth dynamics of a Colorado Ski Resort Town [J]. International Journal of Tourism Sciences, 2018(4):279-294.

Henna K, Laukkanen T, Komppula R. Using ski destination choice criteria to segment Finnish ski resort customers[J]. Tourism

Management，2011(5)：1096-1105.

Hennessey T，Morgan S J. Helmet availability at skiing and snowboarding rental shops — A survey of Colorado ski resort rental practices[J]. American Journal of Preventive Medicine，2002(22)：110-119.

Hennessey T. Colorado powder keg：Ski resorts and the environmental movement[J]. Pacific Historical Review，2014(83)：549-550.

Hinterhuber A，Liozu S. Is it time to rethink your pricing strategy? [J]. MIT Sloan Management Review，2012(4)：69-77.

Jenni-Eiermann S，Arlettaz R. Does ski tourism affect alpine bird fauna? Highlights of analytical chemistry in switzerland[J]. Chimia，2008(4)：301.

Knowles N L，Scott D. Media representations of climate change risk to ski tourism：A barrier to climate action? [J]. Current Issues in Tourism，2021(24)：149-156.

Knowles N，Scott D，Steiger R. Sustainability of snowmaking as climate change (mal) adaptation：An assessment of water，energy，and emissions in Canada's ski industry[J]. Current Issues in Tourism，2024(27)：1613-1630.

Lackner C P，Geerts B，Wang Y. Impact of Global Warming on Snow in Ski Areas：A Case Study Using a Regional Climate Simulation over the Interior Western United States[D]. Wyoming：University of Wyoming，2020.

Lee A R，Kim J Y. Regional competitiveness of competitiveness analysis of ski resort in Quebec：A generalized double diamond approach[J]. Geographical Research，2014(4)：27-38.

Martin F. A hedonic price model for ski lift tickets [J]. Tourism Management, 2008(6):1172-1184.

McGrady P, Golicic S L, Cottrell S P. Diffusion of corporate sustainability in the ski industry [J]. International Journal of Innovation and Sustainable Development, 2022(16):512-537.

Nadegger M. Reassembling more-than-human sustainability: Relations with snow[J]. Annals of Tourism Research, 2023(101): 190-203.

Pickering C M, Castley J G, Burtt M. Skiing Less Often in a Warmer World: Attitudes of Tourists to Climate Change in an Australian Ski Resort [J]. Geographical Research, 2010 (48): 137-147.

Rixen C, Wipf S, Fischer M, et al. Effects of ski piste preparation on alpine vegetation[J]. Journal of Applied Ecology, 2005(2):306-316.

Roux-Fouillet P, Wipf S, Rixen C. Long-term impacts of ski piste management on alpine vegetation and soils [J]. Journal of Applied Ecology, 2011(4):906-915.

Scott D, Dawson J, Jones B. Climate change vulnerability of the US Northeast winter recreation — Tourism sector[J]. Mitigation and Adaptation Strategies for Global Change, 2011(5):577-596.

Scott D, Hall M, Gossling S. International tourism and climate change[J]. WIREs Climate Change, 2012(3):213-232.

Scott D, McBoyle G, Minogue A. Climate change and Quebec's ski industry[J]. Global Environmental Change, 2007(2): 181-190.

Scott D, McBoyle G. Climate change adaptation in the ski

industry[J]. Adaptation Strategies to Global Change，2007(12)：1411-1431.

Scott D，Steiger R，Dannevig H. Climate change and the future of the Norwegian alpine ski industry[J]. Current Issues in Tourism，2020(23)：2396-2409.

Scott D，Steiger R. How climate change is damaging the US ski industry[J]. Current Issues in Tourism，2024(23)：94-104.

Tuppen J. The restructuring of winter sports resorts in the French Alps：Problems，processes and policies[J]. International Journal of Tourism Research，2000(5)：327-344.

Unbehaun W，Pröbstl U，Haider W. Trends in winter sport tourism：Challenges for the future[J]. Tourism Review，2008(1)：36-47.

Vassiliadis C A，Priporas C V，Andronikidis A. An analysis of visitor behaviour using time blocks：A study of ski destinations in Greece[J]. Tourism Management，2013(1)：61-70.

Vorkauf M. Snowmaking in a warmer climate：An in-depth analysis of future water demands for the ski resort Andermatt-Sedrun-Disentis（Switzerland）in the twenty-first century[J]. International Journal of Biometeorology，2024(68)：565-579.

附　录

附录 A　专家访谈提纲

1.界定滑雪目的地的概念需注意哪些问题?

2.如何看待后冬奥时代我国冰雪产业的可持续发展?

3.京津冀区域滑雪目的地的竞争优势和劣势有哪些?

4.关于京津冀、东北以及新疆三个区域的滑雪市场未来发展的看法。

5.后冬奥时代京津冀区域滑雪产业高质量发展的战略规划。

6.影响区域滑雪目的地竞争力的要素有哪些?

7.构建滑雪目的地竞争力指标体系需要注意哪些问题?

8.国外成熟的滑雪市场的经验借鉴和启示。

9.科技创新助力滑雪目的地/滑雪场转型升级的方法论。

附录 B 专家调查问卷(一)

京津冀滑雪目的地竞争力评价指标体系专家问卷调查表
(第一轮)

尊敬的专家:

　　进入后冬奥时期,中国不同区域滑雪目的地之间的竞争初现端倪,京津冀滑雪目的地发展呈现出强劲的后发优势。在这一背景下,笔者尝试对京津冀滑雪目的地竞争力展开研究,并试图构建一套评价区域滑雪目的地竞争力的指标体系,在研究过程中发现,设定量化指标是构建整个评价指标体系的关键,量化指标的科学性、准确性直接关系评价指标是否能真实反映现实情况。此次特邀您为该问卷设定的量化指标的科学性与重要性提出意见和建议,为笔者构建完善的滑雪目的地竞争力评价指标体系提供科学指导。在此,笔者向您郑重承诺:此问卷中的信息只用于学术研究,不用于其他任何商业目的。感谢您在百忙之中抽出时间来完成问卷填写工作! 祝您身体健康,工作顺利!

本研究依据定性分析的钻石模型初步拟定评价区域滑雪目的地竞争力的定量指标体系，即钻石模型六要素（分别为生产要素、需求要素、相关支持要素、企业竞争、政府和机会），并据此初步构建指标体系，您觉得这样是否合理？如有更好的建议，请写在下面，衷心感谢您的宝贵意见。

注：1表示不重要；2表示不太重要；3表示一般；4表示比较重要；5表示非常重要。

一、在生产要素方面，您认为以下各个定量指标的重要程度：

1. 滑雪场总数　　　　　　　　　　1　2　3　4　5

2. 森林覆盖率　　　　　　　　　　1　2　3　4　5

3. 人均水资源　　　　　　　　　　1　2　3　4　5

4. 冬季平均气温　　　　　　　　　1　2　3　4　5

5. 架空索道数量　　　　　　　　　1　2　3　4　5

6. 水资源总量　　　　　　　　　　1　2　3　4　5

7. 平均运营天数　　　　　　　　　1　2　3　4　5

8. 滑雪科研机构院校　　　　　　　1　2　3　4　5

如有更好的建议，请写在下面，衷心感谢您的宝贵意见。

二、在需求要素方面，您认为以下各个定量指标的重要程度：

1. 地区人均可支配收入　　　　　　1　2　3　4　5

2. 每10万人口中接受高等教育的在校生人数

　　　　　　　　　　　　　　　　1　2　3　4　5

3. 人均地区生产总值　　　　　　　1　2　3　4　5

4. 地区居民教育文化娱乐消费支出　1　2　3　4　5

5. 地区城镇居民人均可支配收入　　1　2　3　4　5

6. 地区城镇居民教育文化娱乐消费支出　1　2　3　4　5

7. 滑雪人次　　　　　　　　　　　　　1　2　3　4　5

如有更好的建议,请写在下面,衷心感谢您的宝贵意见。

三、相关支持要素方面,您认为以下各个定量指标的重要程度:

1. 交通便利度　　　　　　　　　　　　1　2　3　4　5

2. 住宿企业数　　　　　　　　　　　　1　2　3　4　5

3. 餐饮企业数　　　　　　　　　　　　1　2　3　4　5

4. 举办国际滑雪赛事数量　　　　　　　1　2　3　4　5

5. 举办国内滑雪赛事数量　　　　　　　1　2　3　4　5

如有更好的建议,请写在下面,衷心感谢您的宝贵意见。

四、企业竞争要素方面,您认为以下各个定量指标的重要程度:

1. 雪道面积>50公顷滑雪场数量　　　　1　2　3　4　5

2. 雪道落差>300米滑雪场数量　　　　 1　2　3　4　5

3. 拥有符合国际奥委会标准雪道的滑雪场数量

　　　　　　　　　　　　　　　　　　1　2　3　4　5

如有更好的建议,请写在下面,衷心感谢您的宝贵意见。

五、政府要素和机会要素方面,您认为以下各个定量指标的重要程度:

1. 滑雪相关政策及标准数量　　　　　　1　2　3　4　5

2. 滑雪相关法规数量　　　　　　　　　1　2　3　4　5

3. 文化体育与传媒公共预算支出　　　　1　2　3　4　5

如有更好的建议,请写在下面,衷心感谢您的宝贵意见。

京津冀滑雪目的地竞争力评价指标体系专家问卷调查表
(第二轮)

尊敬的专家：

在前期研究中，根据定性分析中的钻石模型六要素，笔者构建了一套评价区域滑雪目的地竞争力的指标评价体系，也邀请您针对指标体系提出过指标筛选的建议。结合您在第一轮调查问卷中的意见和建议，笔者在第一轮问卷的基础上针对指标进行了修改，具体内容如表 B-1 所示，关于修改后指标的科学性与合理性还需您的进一步指导，为此，特别邀请您针对第二次指标的筛选作出评价及建议，为笔者构建完善的滑雪目的地竞争力评价指标体系提供有益思路和科学指导。在此，笔者向您郑重承诺：此问卷中的信息只用于学术研究，不用于其他任何商业目的。感谢您在百忙之中抽出时间来完成问卷填写工作！祝您身体健康，工作顺利！

表 B-1 滑雪目的地竞争力综合指标评价体系一览

一级指标	二级指标	重要程度				
		1	2	3	4	5
生产要素	X_1滑雪场总数/座					
	X_2架空索道数量/条					
需求条件	X_3地区人均可支配收入/元					
	X_4每10万人口中接受高等教育的在校生人数/人					
	X_5滑雪人次/万人次					
相关支持	X_6交通便利度/(千米/千米²)					
	X_7住宿企业数/家					
	X_8餐饮企业数/家					
企业竞争	X_9雪道面积＞50公顷的滑雪场数/家					
	X_{10}雪道落差＞300米的滑雪场数/家					
	X_{11}平均运营天数/天					
政府与机会	X_{12}滑雪相关政策及标准数量/个					

注:1表示不重要;2表示不太重要;3表示一般;4表示比较重要;5表示非常重要。

1.关于京津冀滑雪目的地竞争力综合评价体系中一级指标的建议及补充:

2.关于京津冀滑雪目的地竞争力综合评价体系中二级指标 X_1、X_2的建议及补充:

3.关于京津冀滑雪目的地竞争力综合评价体系中二级指标 X_3、X_4、X_5的建议及补充:

4.关于京津冀滑雪目的地竞争力综合评价体系中二级指标 X_6、

X_7、X_8的建议及补充：

_____

5.关于京津冀滑雪目的地竞争力综合评价体系中二级指标 X_9、X_{10}、X_{11}的建议及补充：

_____

6.关于京津冀滑雪目的地竞争力综合评价体系中二级指标 X_{12} 的建议及补充：

_____

附录 C　专家调查问卷(二)

京津冀滑雪场竞争力评价指标体系专家问卷调查表
(第一轮)

尊敬的专家：

　　进入后冬奥时期,中国不同区域滑雪目的地之间的竞争初现端倪,京津冀滑雪目的地发展呈现出强劲的后发优势。在这一背景下,笔者尝试对京津冀区域滑雪场的竞争力展开研究,并试图构建一套评价区域滑雪场竞争力的指标体系,在研究过程中发现,设定量化指标是构建整个评价指标体系的关键,量化指标的科学性、准确性直接关系评价指标是否能真实地反映现实情况。此次特邀您为该问卷设定的量化指标的科学性与重要性提出意见和建议,为笔者构建完善的滑雪场竞争力评价指标体系提供科学指导。在此,笔者向您郑重承诺:此问卷中的信息只用于学术研究,不用于其他任何商业目的。感谢您在百忙之中抽出时间来完成问卷填写工作！祝您身体健康,工作顺利！

本研究依据滑雪场由场地要素、设备要素及相关配套要素构成的现状,即从专业场地要素及相关配套要素两个维度出发,构建滑雪场的竞争力评价指标体系,您觉得这样是否合理? 如有更好的建议,请写在下面,衷心感谢您的宝贵意见。

注:1 表示不重要;2 表示不太重要;3 表示一般;4 表示比较重要;5 表示非常重要。

一、在场地要素方面,您认为以下各个定量指标的重要程度:

1. 雪道面积   1   2   3   4   5

2. 雪道总长   1   2   3   4   5

3. 雪道总数   1   2   3   4   5

4. 高级道数量   1   2   3   4   5

5. 中级道数量   1   2   3   4   5

6. 初级道数量   1   2   3   4   5

7. 垂直落差   1   2   3   4   5

如有更好的建议,请写在下面,衷心感谢您的宝贵意见。

二、在设备要素方面,您认为以下各个定量指标的重要程度:

1. 造雪机数量   1   2   3   4   5

2. 压雪车数量   1   2   3   4   5

3. 雪地摩托数量   1   2   3   4   5

4. 架空索道数量   1   2   3   4   5

5. 魔毯和拖牵数量   1   2   3   4   5

6. 提升设备运力   1   2   3   4   5

如有更好的建议,请写在下面,衷心感谢您的宝贵意见。

三、在相关配套要素方面,您认为以下各个定量指标的重要程度:

    1. 住宿可接待人数   1 2 3 4 5

    2. 餐饮可接待人数   1 2 3 4 5

    3. 停车泊位数   1 2 3 4 5

    4. 教练员数量   1 2 3 4 5

四、在市场消费方面,您认为以下定量指标的重要程度:

    1. 滑雪人次   1 2 3 4 5

如有更好的建议,请写在下面,衷心感谢您的宝贵意见。

京津冀滑雪场竞争力评价指标体系专家问卷调查表
（第二轮）

尊敬的专家：

在前期研究中，笔者根据滑雪场的构成要素构建了一套评价滑雪场竞争力的指标体系，也邀请您针对指标体系提出过指标筛选的建议。结合您在第一轮调查问卷中的意见和建议，笔者在第一轮问卷的基础上针对指标进行了修改，具体内容如表 C-1 所示，关于修改后指标的科学性与合理性还需您的进一步指导，为此，特别邀请您针对第二次指标的筛选作出评价及建议，为笔者构建完善的滑雪场竞争力评价指标体系提供有益思路和科学指导。在此，笔者向您郑重承诺：此问卷中的信息只用于学术研究，不用于其他任何商业目的。感谢您在百忙之中抽出时间来完成问卷填写工作！祝您身体健康，工作顺利！

表 C-1　京津冀滑雪场竞争力评价指标体系一览

一级指标	二级指标	重要程度				
		1	2	3	4	5
场地要素	Z_1 雪道面积/公顷					
	Z_2 雪道数量/条					
	Z_3 雪道总长度/千米					
	Z_4 高级道数量/条					
设备要素	Z_5 造雪机数量/台					
	Z_6 架空索道数量/条					
	Z_7 魔毯和拖牵数量/条					
相关配套要素	Z_8 停车泊位数/个					
	Z_9 住宿可接待人数/人					
	Z_{10} 教练员数量/人					
	Z_{11} 可租赁滑雪板数量/副					
	Z_{12} 可租赁滑雪服数量/套					
市场要素	Z_{13} 滑雪人次/万人次					

注:1 表示不重要;2 表示不太重要;3 表示一般;4 表示比较重要;5 表示非常重要。

1. 关于京津冀滑雪场竞争力综合评价体系中一级指标的建议及补充:

_____

2. 关于京津冀滑雪场竞争力综合评价体系中二级指标 Z_1、Z_2、Z_3、Z_4 的建议及补充:

_____

3. 关于京津冀滑雪场竞争力综合评价体系中二级指标 Z_5、Z_6、Z_7 的建议及补充:

_____

4. 关于京津冀滑雪场竞争力综合评价体系中二级指标 Z_8、Z_9、

Z_{10}、Z_{11}、Z_{12}的建议及补充：

_____

5. 关于京津冀滑雪场竞争力综合评价体系中二级指标 Z_{13} 的建议及补充：

_____

附录 D 指标体系 D₁的标准化数据一览表

省份	X_1	X_2	X_3	X_4	X_5	X_6	X_7	X_8	X_9	X_{10}	X_{11}	X_{12}
安徽	-0.895	-0.627	-0.275	-0.244	-0.848	0.022	-0.188	0.183	-0.397	-0.454	-0.582	-0.550
北京	-0.425	1.178	2.931	2.189	1.823	1.796	0.193	0.450	0.251	0.328	0.150	2.662
福建	-0.938	-0.627	0.469	-0.251	-0.989	-0.262	0.457	0.474	-0.397	-0.454	-0.918	-0.550
甘肃	-0.040	-0.145	-0.955	-0.322	-0.125	-0.695	-0.688	-0.693	-0.397	-0.454	0.387	-0.550
广东	-0.895	-0.566	0.752	-0.421	0.126	-0.479	3.429	3.527	-0.397	-0.454	-0.918	-0.797
广西	-0.895	-0.627	-0.617	0.180	-0.973	-0.032	0.054	-0.370	-0.397	-0.454	-0.799	-0.550
贵州	-0.681	-0.506	-0.795	-1.021	-0.534	-0.452	-0.075	-0.455	-0.397	-0.454	-0.463	-0.797
河北	1.670	3.042	-0.410	-0.489	2.985	-0.668	-0.473	-0.518	2.196	3.065	1.257	1.180
河南	0.729	-0.386	-0.600	0.181	0.063	-0.059	0.966	0.075	-0.397	-0.063	0.526	-0.303
黑龙江	2.311	1.839	-0.591	0.275	0.629	-0.587	-0.937	-0.892	0.899	0.719	2.305	2.909
湖北	-0.211	-0.446	-0.263	0.708	-0.298	-0.411	0.409	0.832	-0.397	-0.454	-0.147	-0.303
湖南	-0.638	-0.566	-0.183	0.280	-0.439	-0.479	0.381	0.318	-0.397	-0.454	-0.305	-0.550
吉林	1.328	2.320	-0.618	1.719	2.184	-0.343	-0.988	-0.891	2.845	1.892	1.198	0.933

续 表

省份	X_1	X_2	X_3	X_4	X_5	X_6	X_7	X_8	X_9	X_{10}	X_{11}	X_{12}
江苏	-0.083	-0.627	0.953	0.266	-0.204	0.767	1.384	2.104	-0.397	-0.454	-0.720	-0.550
江西	-0.938	-0.627	-0.299	1.068	-0.958	-0.289	0.326	0.096	-0.397	-0.454	-0.839	-0.550
辽宁	1.499	1.057	-0.035	0.502	0.016	-0.370	-0.614	-0.752	-0.397	-0.063	0.862	2.168
内蒙古	0.644	0.516	-0.048	-1.153	0.095	-0.709	-0.836	-0.860	-0.397	0.328	1.257	0.438
宁夏	-0.467	-0.566	-0.501	-0.258	-0.675	-0.479	-1.202	-0.973	-0.397	-0.454	0.348	-0.303
青海	-0.681	-0.627	-0.688	-2.022	-0.754	-0.736	-1.119	-0.979	-0.397	-0.454	0.150	0.191
山东	1.542	-0.266	0.070	0.193	0.299	0.835	0.941	0.953	-0.397	-0.454	1.455	0.438
山西	1.071	0.095	-0.532	-0.123	0.315	-0.330	-0.512	-0.424	-0.397	-0.454	0.209	-0.550
陕西	0.216	-0.206	-0.464	1.052	0.048	-0.574	0.432	0.101	0.251	-0.063	0.091	-0.550
四川	0.216	-0.326	-0.424	-0.423	0.864	-0.574	1.238	0.816	-0.397	-0.454	-0.186	-0.303
天津	-0.553	-0.566	0.890	2.225	-0.345	2.432	-0.815	-0.575	-0.397	-0.454	-0.265	0.191
新疆	1.713	1.659	-0.683	-0.831	1.147	-0.750	-0.688	-0.813	3.493	3.456	2.206	0.438
云南	-0.852	-0.446	-0.692	-0.458	-0.879	-0.574	-0.099	-0.257	-0.397	-0.063	-0.681	-0.550
浙江	-0.254	-0.627	1.703	-0.842	0.959	1.336	1.408	0.941	-0.397	-0.454	-0.839	-0.550
重庆	-0.425	-0.446	-0.066	0.395	-0.518	-0.262	-0.511	-0.115	-0.397	-0.454	-0.503	-0.797
西藏	-1.023	-0.627	-0.711	-2.105	-1.005	-0.763	-1.171	-1.005	-0.397	-0.454	-1.412	-0.550
上海	-1.023	-0.627	3.089	0.300	-1.005	3.407	0.142	0.624	-0.397	-0.454	-1.412	-0.550
海南	-1.023	-0.627	-0.404	-0.571	-1.005	0.280	-0.844	-0.923	-0.397	-0.454	-1.412	-0.797

附录 E 指标体系 D_2 的标准化数据一览表

滑雪场名称	Z_1	Z_2	Z_3	Z_4	Z_5	Z_6	Z_7	Z_8	Z_9	Z_{10}	Z_{11}	Z_{12}	Z_{13}
万龙滑雪场	0.953	0.462	0.704	1.936	3.030	0.963	-0.707	1.524	1.109	0.720	-0.339	0.105	1.158
云顶滑雪场	0.650	1.203	1.180	0.585	0.320	0.177	-0.499	0.971	0.756	1.176	-1.041	-0.806	0.864
太舞滑雪场	-0.023	0.394	0.317	0.135	0.301	0.570	1.373	1.317	0.520	1.062	-0.521	-0.578	1.767
富龙滑雪场	0.314	1.136	0.317	0.885	-0.178	0.570	0.541	0.396	0.302	0.355	-0.989	-0.692	0.854
多乐美地滑雪场	-0.696	-0.887	-0.755	-0.765	-0.705	-0.609	-0.707	0.050	-0.063	0.025	-1.379	-0.996	-0.922
翠云山银河滑雪场	-0.864	-0.887	-0.814	-0.615	-0.715	-0.609	-0.499	-0.065	0.038	0.264	-0.781	-0.905	-0.618
金山岭滑雪场	-0.746	-0.887	-0.755	-0.765	-0.504	-1.002	-0.499	-0.154	0.117	0.606	0.259	-0.616	-0.820
国家高山滑雪中心	-0.023	-0.078	0.043	1.185	0.607	1.749	-0.916	1.754	1.283	0.834	-0.599	-0.092	-0.262
南山滑雪场	-0.595	0.057	-1.041	-0.765	-0.705	-0.609	3.246	-0.503	-0.803	-0.648	0.780	0.523	0.346
渔阳滑雪场	-0.830	-0.887	-1.082	-1.065	-0.791	-1.002	0.333	0.188	-0.130	0.606	2.470	3.486	-0.770
万达长白山滑雪场	0.650	0.731	0.495	0.585	-0.408	0.963	1.165	-0.180	0.548	1.176	1.820	0.937	0.955
北大壶滑雪场	2.652	2.619	2.817	1.486	1.182	2.536	0.125	0.971	2.292	0.606	-0.729	0.219	1.463
万科松花湖滑雪场	1.996	1.069	1.210	1.336	1.757	0.570	0.333	0.879	1.170	1.176	-0.131	0.751	1.310

续 表

滑雪场名称	Z_1	Z_2	Z_3	Z_4	Z_5	Z_6	Z_7	Z_8	Z_9	Z_{10}	Z_{11}	Z_{12}	Z_{13}
长白山鲁能滑雪场	-0.830	-0.684	-0.398	-1.215	-0.686	-1.002	-0.707	-1.437	-1.251	-1.675	-0.131	0.599	-0.885
长春天定山滑雪场	-0.510	-0.482	-1.023	-1.215	-0.753	-1.002	-0.499	-1.643	-1.223	-1.561	0.064	0.143	-1.074
通化万峰滑雪场	0.600	0.529	0.376	0.585	0.128	-0.216	-0.291	-1.447	-0.859	-0.648	0.975	-0.312	0.113
长春庙香山滑雪场	-0.780	-0.684	-0.695	-0.915	-0.686	-1.002	0.125	-0.894	-0.926	-1.447	0.559	-0.464	-0.359
亚布力阳光滑雪场	-0.443	-0.549	0.436	-0.165	-0.188	-0.216	-0.707	-0.566	-0.623	-0.192	0.975	-0.206	-0.658
亚布力新体委滑雪场	-0.510	-0.887	-0.279	-0.315	-0.255	-0.216	-0.707	-0.731	-1.150	-1.333	-0.709	-0.745	-1.054
帽儿山滑雪场	-0.965	-1.291	-1.053	-0.915	-0.753	-0.609	-0.499	-0.434	-1.105	-1.105	-0.553	-0.350	-1.409